交通运输类“十三五”创新教材
内河船舶船员基本安全和特殊培训教材

内河客船
安全知识与操作

中国海事服务中心组织编审
主编 ◎ 陈晓翔　杨学辉

大连海事大学出版社

图书在版编目(CIP)数据

内河客船安全知识与操作 / 陈晓翔, 杨学辉主编. -- 大连 : 大连海事大学出版社, 2020.10(2023.6重印)
内河船舶船员基本安全和特殊培训教材
ISBN 978-7-5632-4052-4

Ⅰ. ①内… Ⅱ. ①陈… ②杨… Ⅲ. ①内河船—交通运输安全—技术培训—教材 Ⅳ. ①U676.1

中国版本图书馆CIP数据核字(2020)第195196号

大连海事大学出版社出版

地址:大连市黄浦路523号 邮编:116026 电话:0411-84729665(营销部) 84729480(总编室)
http://press.dlmu.edu.cn　E-mail:dmupress@dlmu.edu.cn

大连金华光彩色印刷有限公司印装　大连海事大学出版社发行

2020年10月第1版　2023年6月第3次印刷
幅面尺寸:184 mm × 260 mm　印张:7.5　字数: 181千

出版人:刘明凯
责任编辑:苏炳魁　责任校对:张　华
版式设计:解瑶瑶　封面设计:解瑶瑶

ISBN 978-7-5632-4052-4　定价:36.00元

内河船舶船员基本安全和特殊培训教材
编委会

前　言

根据《内河船舶船员适任培训和考试大纲（2019版）》，中国海事服务中心组织在内河船舶运输领域有着丰富教学和培训经验的专家在2012年培训教材的基础上重新编写了“内河船舶船员基本安全和特殊培训教材”，并组织实践经验丰富的海事管理机构和船公司的专家对教材进行了审定。

在本套教材编写前，中国海事服务中心组织参编专家对内河船舶运输现状进行了广泛的调研和深入的讨论，确保教材内容符合船上实际，反映最新航运技术和与航运相关的最新法律、法规、规范与标准，并在表达方式上通俗易懂，符合内河船舶船员业务学习和技能培训的需要。

本系列教材包括《内河船舶船员基本安全知识与技能》《内河油船安全知识与操作》《内河散装化学品船安全知识与操作》《内河客船安全知识与操作》《内河滚装船安全知识与操作》《内河船舶包装危险货物运输管理》《内河高速船安全知识与操作》。

《内河客船安全知识与操作》由重庆市地方海事局陈晓翔、重庆交通大学杨学辉主编，重庆长江黄金游轮有限公司高庆迁、中国海事服务中心王建军主审。全书由杨学辉负责统稿。

《内河客船安全知识与操作》全书内容共分十章，第一章为内河客船及客渡船的基本知识，第二章为安全与防污染管理法规及制度，第三章为管理职责与权限，第四章为集合程序，第五章为旅客通信交流，第六章为应急管控，第七章为水灭火系统，第八章为客船火灾，第九章为事故案例分析，第十章为实操训练。本书适用于内河客船任职船员的特殊培训，也可供航运企业内部培训使用，还可作为大中专院校内河船舶航运类专业或同类专业的教学参考书。

在教材编写过程中得到了各海事机构、航运院校、船员培训机构、航运企业等相关单位的关心和大力支持，特致谢意！由于时间仓促，书中难免存在错误和疏漏，欢迎广大读者和专家批评指正。

中国海事服务中心

2020年7月

扫码学习《深入学习贯彻党的二十大精神　加快建设交通强国　当好中国式现代化开路先锋》

目　录

第一章

内河客船及客渡船的基本知识

第一节 内河客船的基本知识

要点

内河客船的定义有广义和狭义之分，在内河客船上工作的船员需要对此有所了解，载客船舶的良好技术性能和船员的良好操作技能是确保船舶安全的基本条件。内河客船的分类方法很多，主要根据其航行区域及航行时间长短、总吨位、用途等进行划分，虽然都是载客船，但各种内河客船的营运条件不同，营运用途也不完全相同。内河客船的主要用途是运载旅客，无论是运载国内旅客还是国外旅客，其特定的用途与其他类型的船舶相比，确保旅客安全是前提。因此，对内河客船的结构、设备和性能等都有着特殊的要求。

必备知识

一、内河客船的定义

用于载运旅客的内河运输船舶称为内河客船。《内河船舶检验规范》规定，除本船船员（包括在本船执行公务的工作人员）以外，乘员达到12人以上的船舶均属客船。内河客船一般具备较完善的生活设施和安全设备，以便旅客安全、迅速、舒适地到达目的地。载客船舶在营运过程中必须确保旅客乘船期间的人身安全，故要求客船必须安全可靠，具有良好的适航性、稳定性、抗沉性，有较快的航行速度。在比较大的河流上航行的客船，也载运少量的货物和旅客随身携带的行李等，该类客船一般又称为客货船。

二、内河客船的分类

(一)根据航行区域及航行时间对内河客船进行分类

按航行区域及航行时间长短内河客船可以分为下列5类：

（1）第一类客船——长途客船，指自出发港至终点港，其逆水延续航行时间在24小时以上的客船。

（2）第二类客船——区间客船，指自出发港至终点港，其逆水延续航行时间在12小时以上至24小时的客船。

（3）第三类客船——短途区间客船，指自出发港至终点港，其逆水延续航行时间在4小时以上至12小时的客船。

（4）第四类客船——短途客船，指自出发港至终点港，其逆水延续航行时间在0.5小时以上至4小时的客船。

（5）第五类客船——横江渡船，指航行时间不大于0.5小时的客船。

(二)根据总吨位对内河客船进行分类

按总吨位将内河客船分为大、中、小型3类：

（1）大型客船——总吨位等于或大于1 000吨的客船。

（2）中型客船——总吨位在200至1 000吨之间的客船。

（3）小型客船——总吨位等于或小于200吨的客船。

(三)根据用途对内河客船进行分类

按用途内河客船可以分为旅游船、客货船、货客船、滚装船、客渡船和游览船6类。

（1）旅游船——主要供旅游者旅行游览用的内河客船。旅游船造型美观，生活设备完善，娱乐设施较全，它既可满足旅游者旅游的要求，同时也可使旅游者达到疗养、度假、休闲娱乐、社会活动等目的。按舒适程度可分为豪华旅游船和普通旅游船两种，如图1-1及1-2所示；按航程长短又可分为短途旅游船和长途旅游船两种。

图1-1 豪华旅游船(高等级豪华涉外旅游船)

图1-2 普通旅游船(高等级国内旅游船)

（2）客货船——以载客为主，兼运少量货物的船舶，如图1-3所示。近年来，随着我国铁路、公路的建设，专门从事长途运输旅客的内河客货船已相继退出市场，目前该类客船主要以短途的形式存在。

图1-3 客货船

（3）货客船——以载货为主，兼运少量旅客的船舶。

（4）滚装船——指可使所载货物通过自身的动力进出货舱并同时载运旅客的船舶，如图1-4所示。滚装船船体结构的特点是甲板层数多，一般有2～6层。为使车辆在舱内通行无阻，货舱内不设横舱壁，舱内支柱也很少，因此，滚装船的结构强度和抗沉性较差。滚装船多用于内河轮渡，中近程海上运输。

图1-4 标准化滚装船

（5）客渡船——指用于运送旅客及其随身携带物品的渡船，一般只设座席，如图1-5所示。

图1-5 客渡船

（6）游览船——主要供游客短途观光游览的内河客船。此类船外观造型美观，娱乐设施较全，载客量按船舶大小，少则几十人，多则600～800人不等。近年来，随着城市景观建设加快，夜间游览船也相继增多，如上海的浦江游、重庆的两江游等，如图1-6所示为重庆两江游览船。

图1-6　重庆两江游览船

三、内河客船的特点

在我国具有代表性的内河客船是航行于长江干流的客船，内河客船最显著的特点主要有：

（1）操纵性好。内河客船通常多为双桨双舵或三舵（或三桨三舵），适合于狭窄的内河航道。

（2）航速较快。现今江河湖泊的较大客船，航速多在每小时20～30千米。

（3）载客量大，舱室等级多。一艘中型内河客船可以载客几百至上千人，内河客船的上层建筑常设不同等级的居住舱室，以满足不同层次旅客居住的需要。

（4）客船的抗沉、防火、救生等技术方面的安全要求较严格。

（5）对减摇、避震、隔声以及各种生活设施等方面的舒适性要求较高。

（6）客船外形美观、功率储备较大。

（7）中途港口码头停靠频繁。

（8）客船由于所载客人具有民族特征、年龄、文化层次、个人习惯等方面的差异，安全管理难度大。

扩展知识

高速内河客船和特种客船介绍

1. 水翼船

水翼船是由滑行艇演变和发展而来的新型船，如图1-7所示。船体与滑行艇相似，只是在船底部多装了前后两只水翼。水翼的断面呈机翼形式，在运动中水翼得到升力，而渐

渐把船体抬起。这时水阻力减小。当航速达到一定速度后，水翼升力大于船舶重量时，船体被抬出水面，但水翼还是离不开水面，只是船体摆脱了水的阻力，在同样的主机功率下，速度比滑行艇更快，而且可以减少波浪对船体的冲击。其特点是吃水浅、阻力小，适用于内河、运河和内海的旅客运输。

2. 气垫船

一般水上航行船舶的前进是靠螺旋桨在水中将船舶推动，而全浮式气垫船则是完全飘离水面，它有点像船，又有点像汽车或飞机，如图1-8所示。

气垫船的原理是通过一个或几个鼓风机将空气送到船底下面，形成一个气垫，随着对水面压力的增大，使整个船体离开水面，但侧壁还是离不开水面。空气垫的压力越大和艇底的面积越大，船的负载能力也越大。

图1-7　水翼船

图1-8　气垫船

气垫船分为两种类型：一种为全浮式，可以水陆两用，但只能用空气螺旋桨推进；另一种为侧壁式，只能在水上航行，不能登陆，可以采用水力推进。

目前，这种高速客船正逐步退出客运市场，越来越少。

3. 双体船

双体船是由两只同尺度的瘦长船体在水线以上用中间联桥焊接在一起而组成的。它有双艏双艉，每个单位各装一部主机和一个推进器，行驶时同时运转。双体船有许多突出的优点：稳定性好、航行安全可靠；甲板宽敞，载重量大；操纵性好，回转灵活；如设计得当，则船体阻力小，航速快；双体船一般单位客座的造价低。现应用于旅客渡船、客船、游览船、汽车或火车渡轮及起重船、测量船等，如图1-9所示。

图1-9　双体客船

思考题

1. 什么是内河客船？
2. 对内河客船的性能有哪些基本要求？
3. 按航行区域及航行时间长短可以将内河客船分为哪几类？
4. 按总吨位可以将内河客船分为哪几类？
5. 按用途可以将内河客船分为哪几类？
6. 高速客船有哪几种？
7. 内河客船具有哪些特点？
8. 内河客船与其他类型船相比，有哪些特殊要求？

第二节 内河客渡船的基本知识

要点

本节主要就内河客渡船、渡口等相关概念以及《中华人民共和国内河交通安全管理条例》《渡口守则》等法律、法规对渡口设置以及渡船船员任职条件等内容进行了概述，作为在客渡船上工作的人员应掌握相关知识。

必备知识

一、内河客渡船

客渡船是指从一岸到另一岸，或一地到另一地单程航行时间不超过2小时，单程航行距离不超过20千米从事短途运输旅客的船舶。根据《中华人民共和国内河交通安全管理条例》规定，渡口船舶应当持有合格的船舶检验证书和船舶登记证书，渡口载客船舶应当有符合国家规定的识别标志，并在明显位置标明载客定额、安全注意事项等。

二、渡口、渡口守则及渡口设置要求

(一)渡口的定义

渡口是指连通江河、湖泊、水库、陆地与岛屿、岛与岛等水域两岸、起讫点固定、专门供运送客货（主要为旅客和车辆）的渡船停靠的人工构造及相应设施，包括码头、踏步、候渡棚、趸船及安全设施等为渡运服务的相关设施。

(二)《渡口守则》摘录

（1）如图1-10所示，渡口实行“五定”管理，即：定码头、定渡船、定航线、定乘客定额、定管理责任。

（2）渡船应持有合法有效的证书和营运执照，确保消防、救生等安全设施设备齐全有效，并按规定办理乘客人身意外伤害保险。

（3）渡船船员应持有有效的船员适任证书，并持证上岗，自觉遵守水上交通法规，做到安全行驶，文明服务。

（4）遇洪水暴发、大风暴雨、能见度不良、浓雾和因水位停航封渡等恶劣条件，严禁冒险航行。

（5）严禁渡船超额超载，严禁船员无证驾船，严禁人畜（指猪、牛、羊、马等大型牲口）混装，严禁船员酒后驾船，严禁将污水及垃圾排入航行水体。

（6）乘客应自觉维护渡运秩序，不得抢渡，不得携带危险物品上船。乘客应服从船员指挥，依次上下，客舱外严禁站（坐）人，防止发生事故。

（7）节假日、赶场日（集市日）街道应派员到所属渡口维护秩序，以确保渡运安全。

(a)　　(b)

图1-10　渡口守则

(三)渡口设置要求

根据《中华人民共和国内河交通安全管理条例》《内河渡口渡船安全管理规定》等规定，设置或者撤销渡口，应当经渡口所在地的县级人民政府审批；县级人民政府审批前，应当征求当地海事管理机构的意见。如图1-11所示，渡口的设置应当具备下列条件：

（1）渡口选址应当在水流平缓、水深足够、坡岸稳定、视野开阔、适宜船舶停靠的地点，并且与危险物品生产、堆放场所之间的距离符合危险品管理相关规定。

（2）具备货物装卸、旅客上下的安全设施。

（3）配备必要的救生设备和专门管理人员。

(a)　　(b)

图1-11　标准化渡口

三、内河客渡船的相关规定及要求

（一）禁止开航的规定

《内河渡口渡船安全管理规定》第32条，规定有下列情形之一的，渡船不得开航：

（1）风力超过渡船抗风等级、能见度不良、水位超过停航封渡水位线等可能危及渡运安全的恶劣天气、水文条件的。

（2）渡船超载或者积载不当可能危及渡运安全的。

（3）渡船存在可能影响航行安全的缺陷，且未按规定纠正的。

（4）发现易燃、易爆等危险品和乘客同船混载，或者装运危险品的车辆和客运车辆同船混载的。

（5）发生乘客打架斗殴、寻衅滋事等可能危及渡运安全的。

（6）渡船船员、渡工的配备不符合规定要求的。

在各地对渡船安全管理过程中，对上述具体条款规定进行了细化，如某渡口为渡船禁止开航做了如下规定：

（1）遇5级以上大风。

（2）大雾、暴雨、大雪等恶劣天气致能见度不足1 000米或两岸不能互见时。

（3）载客超过额定载客人数。

（二）管理要求及船员适任条件

1. 管理要求

（1）对渡口的管理要求

《内河渡口渡船安全管理规定》第二章第5条至第15条对渡口的管理做出了明确的规定。

①渡口的设置必须有合法的、完备的审批手续，严禁非法设置渡口。

②渡口应当根据其渡运对象的种类、数量、水域情况和过渡要求，合理设置码头、引道，配置必要的指示标志、船岸通信和船舶助航、消防、安全救生等设施。渡口引道的宽度、纵坡和码头的设置应当满足相应的技术标准。

以渡运旅客为主的渡口应当有可供旅客安全上下的坡道，客运量较大的且具有相应陆域条件的渡口应当建有旅客候船亭等设施。

以渡运货车为主的渡口，应当安装、使用地磅等称重设备，如实记录称重情况。有条件的渡口，应当设置电子监控设施。

经批准运输超长、超宽、超高物品的车辆或者重型车辆通过渡口，应当采取有效保护措施后方可过渡，但超过渡船限载、限高、限宽、限长标准的车辆，不得渡运。渡运危险货物车辆的渡口应当设置危险货物车辆专用通道。

③设置和使用缆渡，不得影响他船航行。

④渡口运营人应当在渡口明显位置设置公告牌，标明渡口名称、渡口区域、渡运路线、渡口守则、渡运安全注意事项以及安全责任单位和责任人、监督电话等内容。

梯级河段、库区下游以及水位变化较大的渡口水域，渡口应当标识警戒水位线和停航封渡水位线。

⑤渡口运营人应当加强对渡口安全设施和渡船渡运的安全管理，根据国家有关规定建立渡口、渡船安全管理制度，落实安全管理责任制；应当结合船舶条件、气象条件和通航状况合理调度和使用渡船，不得指挥渡船违章作业、冒险航行；应当对渡口工作人员、渡船船员、渡工定期开展安全教育培训；应当督促渡船清点并如实记录每航次渡船载客数量及车辆驾驶员等随船过渡人员，并开展定期或者不定期核查。

在法定或者传统节日、重大集会、集市、农忙、学生放学及放假等渡运高峰期间，县级人民政府应当加强组织协调。渡口运营人应当根据乘客、车辆的流量和渡运安全管理的需要，安排相应专门人员现场维持渡口渡运秩序与安全。

⑥日渡运量超过300人次渡口的运营人及载客定额超过12人的渡船应当编制渡口渡船安全应急预案，每月至少组织一次船岸应急演习。

⑦日渡运量较少的渡口及载客定额12人以下的渡船，应当制定应急措施，每季度至少组织一次演练。

（2）对渡船的管理要求

①渡船应当按照相关规定取得船舶检验证书和船舶登记证书。渡船检验证书应当标明船舶抗风等级。20米以上的渡船应当持有船舶检验机构签发的载客定额证书；20米以下的渡船应当在相关证书中签注载客定额。船长小于15米的渡船应当按照省级交通运输主管部门制定的检验规则进行检验。省级交通运输主管部门未规定检验规则的，参照海事管理机构制定的《内河小型船舶法定检验技术规则》检验发证。

②渡船应当悬挂符合国家规定的渡船识别标志，并在明显位置标明载客（车）定额、抗风等级以及旅客乘船安全须知等有关安全注意事项。

③渡船夜航应当按照《内河船舶法定检验技术规则》《内河小型船舶法定检验技术规则》配备夜间航行设备和信号设备。高速客船从事渡运服务以及不具备夜航技术条件的渡船，不得夜航。

④新建、改建渡船应当满足交通运输部或者省级交通运输主管部门公布的标准船型要求。

⑤渡船应当定期维护保养，确保处于适航状态，并按期申请检验。逾期未检验或者检验不合格的，不得从事渡运。对船体或者车辆甲板出现局部严重变形的渡船，应当申请船舶检验机构按照实际装载情况进行强度复核。船龄10年以上未达到特别定期检验船龄要求的渡船，应当在定期检验时着重加强对船体强度、稳性等方面的检验。

⑥渡船载运危险货物或者载运装载危险货物车辆的，应当持有船舶载运危险货物适装证书。

⑦渡船应当按照规定配备消防救生设备，放置在易取处，保持其随时可用，并在规定的场所明显标识存放位置，张贴消防救生演示图和标示应急通道。

⑧禁止水泥船、排筏、农用船舶、渔业船舶或者报废船舶从事渡运。

（3）对渡运航线的管理要求

根据《内河渡口渡船安全管理规定》的要求，渡船应当在渡运水域内按照核定的渡运路线航行。

（4）对客渡船乘客定额的管理要求

根据《中华人民共和国内河交通安全管理条例》规定，渡船应按船检部门核定的乘客定额载客，并在渡船的明显处标明载客定额。

（5）对客渡船管理制度建立的要求

渡船应建立安全管理责任制，乡（镇）政府、村（组）与渡口每年签订安全责任书，并将安全责任落实到船东、渡口操作人员。

2. 客渡船船员适任条件

根据《中华人民共和国内河交通安全管理条例》《渡口守则》等法律、法规的规定，客渡船船员应满足下列条件方可任职：

（1）客渡船船员（或渡工）应当符合船员健康要求，经过内河船舶船员基本安全培训，并经海事管理机构考试合格，按要求申请船员注册，取得船员服务簿。

（2）客渡船驾驶员应当经过适任培训、考试合格，并取得船员适任证书。

（3）客渡船船员（或渡工）还必须经过当地海事部门的“特殊船员培训”，并取得合格证书，方能在船上任职。

根据《内河渡口渡船安全管理规定》的要求，载客12人以下的渡船可仅配备渡工。渡工应当经过驾驶技术和安全培训，考核合格后取得海事管理机构颁发的渡工证书，方可驾驶渡船。

渡船船员、渡工每年应当参加由渡口运营人、乡镇人民政府或者相关主管部门组织的至少4小时的安全培训。

（三）载运要求

1. 客渡船载运旅客的要求

（1）严禁超额超载

根据《内河渡口渡船安全管理规定》的要求：渡船载客应当符合乘客定额规定，不得超载。渡运水域的水位超过警戒水位线但未达到停航封渡水位线的，渡船载客数量不得超过核定的乘客定额的80%。在较多的客渡船事故案例中，船舶超载是发生事故的主要原因。一是船舶超载降低了船舶的操控性和抗沉性，容易发生船舶沉没或倾覆；二是船上的救生衣是按照乘客定额配备的，当船舶遇险时，不能满足超员部分的需求，部分旅客会因没有救生衣而失去救生的最后一道保险；三是船上旅客过多，形成拥挤，当船舶发生意外，特别是发生火灾时，人员无法及时疏散。所以，防止船舶超载是客渡船船员坚守安全防线的最重要的使命，如图1-12所示为有序疏散旅客防止船舶超载场景。

(a)

(b)

图1-12　有序疏散旅客防止船舶超载场景

客渡船容易发生超载的时段主要是在节假日，赶场日（集市日），婚、丧、嫁、娶日及学生上学、放学、开学、放假等相对集中的时候，人员不好控制。特别是婚、丧、嫁、娶日等情况，前来乘船的人往往是亲朋好友结伴而行，人员较多，很容易造成超载。对此，船员一定要做好宣传工作，坚持不超载开航。

（2）注意装载平衡，使船舶保持正浮状态

渡船应当按照规定控制荷载分布，保证装载平衡和稳性，采取安全措施防止车辆及货物移位。乘坐乡镇客渡船的旅客往往带有较多的行李（如农副产品、粮食、瓜果蔬菜等），在装载时要注意合理摆放，保持船舶装载平衡，防止船舶发生倾斜。

（3）旅客不要过多集中一舷，防止船舶倾斜

客渡船在航行中，沿江（河）两岸有时会出现一些吸引眼球的"新奇事"，旅客往往会集中一舷观看。这样很容易造成船体倾斜，形成船舶不安全的航行状态，船员应及时地宣传和疏导。

（4）船舶平靠趸船时，需前后系缆系牢后旅客方可上下船

客渡船在靠泊时，旅客往往会等不到缆绳系好便急于争先恐后上岸，这样很容易造成旅客失足落水，所以船员必须维持好秩序，待系泊稳妥后再上下客。

（5）船舶顶岸靠泊时，需系妥缆绳后才能搭跳板上下旅客，严禁旅客蹦跳上下

客渡船在顶岸靠泊时，旅客往往会集中在船首等候下船，这样既不利于船首系泊操作，也容易使旅客拥挤落水。曾经有旅客为抢时间赶车，在船首将要顶拢岸边时便跳上岸而摔倒，而此时船舶已无法控制惯性造成船首挤压致死。所以船员应当控制好旅客，使旅客在舱内等候，待缆绳系妥、搭好跳板和系好安全网后，才能组织旅客上下，如图1-13所示为船舶顶岸靠泊。

图1-13　船舶顶岸靠泊

2. 客渡船装载货物的要求

根据《内河渡口渡船安全管理规定》规定：

（1）渡船载货应当符合装载技术要求及载重线规定，不得超载。渡运水域的水位超过警戒水位线但未达到停航封渡水位线的，渡船载货数量不得超过核定的载重量的80%。

（2）乘客与大型牲畜不得混载，如图1-14所示为大型牲口的控制。

图1-14　大型牲口的控制

3.《中华人民共和国内河交通安全管理条例》的相关规定

客货船载客时，原则上不得载运危险货物，确需载运时，除必须遵守《船舶装载危险货物监督管理规则》外，船舶所有人（经营人）还应根据船舶条件和危险货物的性能制定"客货船装运危险货物限额表"向当地海事部门备案，并严格按限定要求装载。

严禁载客渡轮装载危险货物。

(四)航行必备条件

根据《中华人民共和国内河交通安全管理条例》的规定，内河客渡船航行必须具备以下条件：

(1) 经海事管理机构认可的船舶检验机构依法检验并持有合格的船舶检验证书。

(2) 经海事管理机构依法登记并持有船舶登记证书。

(3) 配备符合国务院交通运输主管部门规定的船员。

(4) 配备必要的航行资料。

(五)航行安全的注意事项

1. 客渡船的航行与避让

客渡船的航行和避让除要遵守《中华人民共和国内河避碰规则》的规定外，还应遵守《内河渡口渡船安全管理规定》。

(1) 客渡船航路选择

根据《内河渡口渡船安全管理规定》的要求：渡船应当在渡运水域内按照核定的渡运路线航行。

(2) 客渡船的避让

根据《内河渡口渡船安全管理规定》的要求：渡船航行，应当以安全航速行驶，加强瞭望，谨慎操作，使用有效方式发布船舶动态和表明避让意图，主动避让过往船舶，不得抢航或者强行横越。

顺航道行驶的船舶驶近渡运水域时，应当加强瞭望，谨慎驾驶，采取有效措施协助避让。

2. 客渡船在风浪中航行应注意的事项

内河客渡船一般抗风能力较差，在大风浪中航行容易失控甚至造成船舶倾覆等事故。所以，客渡船驾驶员应随时收听天气预报掌握风力大小及发展趋势，当遇到大风等恶劣天气时不应开航，部分内河地区将客渡船抗风等级定为四级，各船应针对当地的气象和环境情况，结合自身的抗风等级确定渡船开航的风力等级，确保船舶安全。在可以航行的风力条件下，船舶在开航前应认真检查各种机器设备，以确保正常运行，设有水密门窗的客渡船应提前关闭好门窗。航行中切忌横浪航行，防止船舶横向受波浪影响发生侧翻。当顶浪航行时应适当减速，防止船舶高速迎波产生拍底现象，造成船体损坏或造成甲板上浪，客渡船舱室进水等。当顺浪航行时，应适当加速防止艉波追击拍打船尾而产生摆艉现象，使船舶正常操纵受到干扰，影响船舶航行安全。当航行中突遇大风时，应组织旅客穿好救生衣回到舱室内，避免集中一舷或集中在顶篷甲板影响船舶稳性造成倾覆。

3. 客渡船在航行中突然遇雾的操作措施

客渡船在有雾的季节要随时收听天气预报，掌握雾情，当能见度较低时不应开航，确保船舶安全。客渡船在航行中突然遇雾应立即减速、停车，并采取以下操作措施：

(1) 及时利用岸标、浮标以及岸上可见物确定本船船位，防止失点，船上装有雷达、GPS 等助航仪器的可利用其来确定船位。

(2) 按规定鸣放声号。“二短一长声”是客渡船在能见度不良时使用的特殊声号，表示“我是客渡船”。

(3) 如雾情较重，无法继续航行时则应选择安全水域停泊，严禁客渡船冒雾航行。

（4）维护好旅客秩序，做好旅客的安抚工作。

4. 客渡船通过施工水域时的注意事项

近几年，随着国家基础设施建设进度的加快，水上水下施工活动较多，采砂取石，跨临河施工等对通航水域的水流条件及航道条件都造成了很大的影响。船舶在通过前要认真瞭望，了解航道及水流变化情况，正确选择安全航路航行。在通过挖砂船附近时，要注意其抛锚定位的钢缆伸出的方向及长度，选择远离行驶，防止钢缆挂住螺旋桨、舵叶等而发生翻船事故。在通过围堰、丁坝施工水域时，要注意其水流的变化情况，防止因水流紊乱造成船舶失控，同时要注意因水下施工而出现的碍航情况，防止发生触礁。2011年9月9日15:20时许，湖南省邵阳县一艘船号为“湘邵阳县K0018”的客渡船，在航行途中，因挂住航道边挖沙船抛锚定位的钢丝绳，造成客渡船侧翻下沉、死亡11人的特大水上交通事故，如图1-15所示为邵阳事故船舶及人员伤亡现场。

（a）

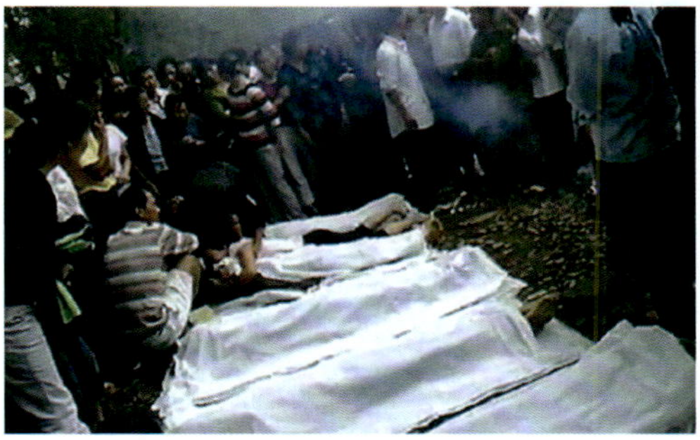

（b）

图1-15　邵阳事故船舶及人员伤亡现场

5. 客渡船舶在突发事件时船员应怎样与旅客进行沟通

（1）当客渡船发生突发事件时，船员首先应考虑到旅客的安全并进行必要的宣传、指挥和沟通。

（2）应使用广大旅客能听懂的语言。

（3）对听力有困难的游客应用手势或其他方法传递信息。

（4）船员应以平和的心态、清晰的语音、有条理的用语顺序进行，以达到安定人心、维护秩序和正确指示旅客的目的。

6. 内河客渡船紧急疏散旅客的注意事项

（1）内河小型客渡船可从船的左右或船头、船尾直接分批疏散旅客，如图1-16所示为客渡船旅客转移。

（2）疏散旅客时应考虑船舶稳性，防止旅客向船舶的一舷过度集中造成船舶倾覆。

（3）疏散旅客时避免惊慌。注意疏散的顺序和秩序，要先旅客，后船员，最后船长；在旅客中，应先儿童、妇女、老弱病残，后普通旅客。

（4）船长和船员应组织旅客疏散。

图1-16　客渡船旅客转移

思考题

1. 内河客渡船航行必须具备的条件是什么？
2. 客渡船的航行与避让原则有哪些？
3. 客渡船在横越时应该遵守哪些规定？
4. 客渡船在载客时应该注意哪些事项？
5. 客渡船在风浪中航行应该注意哪些事项？
6. 客渡船在航行中突然遇雾应该如何操作？
7. 船舶在遇到突发事件时船员应该怎样与旅客进行沟通？
8. 内河客渡船紧急疏散旅客的注意事项有哪些？

第三节　稳性的基本知识

要点

本节主要就稳性的定义、影响客（渡）船稳性的因素和控制客（渡）船稳性的措施等内容做了概述，作为在客渡船上工作的人员应掌握相关知识。

必备知识

一、稳性的定义

船舶稳性是指船舶受外力作用离开平衡位置而倾斜，当外力消除之后船舶能够自行地回复到原平衡位置的能力，这是一切船舶必须具备的性能。

船舶在停泊或航行中，会经常受到风浪等外力作用，使其离开原平衡位置而倾斜；产生倾斜后的船舶又由于其本身所具有的性能而回复到原平衡位置。因此，可以说船舶一般都是经常处于这种平衡与不平衡的往复运动之中。为了船舶的安全，当然需要船舶具有良好的回复到原平衡位置的能力。

稳性是船舶非常重要的一个航行性能。它与船舶配载有着密切的关系。为了保障航行安全，防止发生倾覆的危险，首先要求船舶具有足够的稳性。但是稳性亦不宜过大，因为稳性过大，会使船舶发生剧烈的横摇。

二、影响客（渡）船稳性的因素

客（渡）船在航行时，所受外力的性质和受力的情况是多种多样的，影响客（渡）船稳性的因素主要有：

（1）船内重物移动时。

（2）船上的液体舱柜（如油舱、淡水舱、压载水舱等）在液体没有充满或未抽空而存在自由表面时。

（3）船上的悬吊货物随船摆动时。

（4）横风对船吹袭时。

（5）风、浪对船的联合作用时。

（6）船舶进坞和搁浅时。

（7）船舶装卸货物时。

（8）客（渡）船在内河急流中航行时。

（9）客（渡）船旅客集中一舷时（或集中在顶篷甲板时）。

（10）船舶掉头回转时。

（11）船舶拖带作业时。

所有这些因素都需要客（渡）船驾驶人员去掌握，主动地把握客（渡）船应有的稳性而不至被削弱，确保船舶安全。

三、控制稳性的措施

（1）严禁超载，保证船舶在各种装载情况下都具有合适的浮态及足够的初稳性，对船内移动的重物和悬吊重物要加以固定。

（2）船上的液体舱柜，如油舱、淡水舱、压载水舱等，若未装满或在航行中有部分消耗，那么，当船舶倾斜时，舱内的液体也将跟着倾斜，以使液面保持水平状态。这种可以自由流动的液面称为自由液面。当液体流动后，其体积形状相对于原状态发生了变化，因而它的重心必向倾斜一侧移动，这种情况相当于船上载荷的移动，其结果必将造成船舶稳性的下降。我们把这种自由液面对初稳性的不良影响称为自由液面影响，其主要危险在于横稳性方面，当自由液面很大时，由于横向惯性矩也很大，严重时可能使船舶的横稳性高度变为负值而造成船舶的倾覆。自由液面对稳性的影响总是不利的，总是使初稳性高度减小。其影响值的大小与舱内液体的重量无关，而与排水量、舱内液体的密度和自由液面面积惯性矩有关。大型客船要尽量减少自由液面对初稳性的有害影响。一是要经常检查舱底水存量，及时进行油水分离达标排放或由回收船接收；二是要抽干非必要的压载舱水；三是得知有较大风浪时，尽可能调拨燃油舱和淡水舱，以减少自由液面的影响。

（3）客（渡）船在航行中，会经常受到风浪的影响，要注意船舶的抗风能力（等级），要避免客（渡）船做横风、横浪航行。杜绝冒险航行，突遇大风浪影响时，要迅速引导旅客回到各自舱室或座位。避免集中一舷或集中在较高甲板上。

（4）船舶进坞和搁浅时，要注意船舶浮态的变化，尽量保持船舶正浮。

（5）客（渡）船在内河航道航行时，要尽量避开泡、漩、急流等不正常水流；在掉头回转时，应尽量避免用大舵角、用急舵。

（6）客（渡）船在航行中，要防止因旅客集中一舷而影响船舶稳性。

思考题

1. 什么是船舶稳性？
2. 影响客（渡）船稳性的因素有哪些？
3. 简述控制客（渡）船稳性的措施。

第二章

安全与防污染管理法规及制度

第一节 船舶安全与防污染管理法规简介

要点

目前我国已形成相对完善的内河水运法规体系，其内容和要求基本涵盖了港口法规体系、航道法规体系、航运法规体系、船舶法规体系、船员法规体系、水上交通安全管理法规体系和船舶防污染法规体系。这些法规体系对维护船员权益、保障水上交通安全和环境提供了法理和政策依据，也推动了内河水运业的健康快速发展。本节概要性地介绍了有关船舶安全管理和船舶防污染管理的主要法律法规等的内容架构、实施情况，其详细内容在船员适任培训中涉及。

必备知识

一、船舶安全管理的主要法规

(一)《中华人民共和国内河交通安全管理条例》

国务院于1986年12月16日颁布了第一部《中华人民共和国内河交通安全管理条例》(简称“原条例”)。原条例是在中华人民共和国成立后三十多年内河交通安全实践的基础上，综合吸取了其他各种有效管理办法，结合改革开放政策下的内河交通运输生产和安全管理实际以及我国国情而制定的。

原条例实施十多年来，对我国内河航行秩序和航行环境的维护和改善、水上交通事故的减少、水上运输生产的正常进行等起到了重要作用。随着我国市场经济体制的建立、水上交通安全管理体制的改革，对原条例部分内容的修改和完善是必要的，也是符合当前内河航运发展需要的。对照原条例，2002年8月1日开始实施的《中华人民共和国内河交通安全管理条例》（简称“本条例”），从内容上、结构上都做了较大的修改和调整。2011年1月8日《国务院关于废止和修改部分行政法规的决定》对本条例做了第一次修订，2017年3月1日《国务院关于废止和修改部分行政法规的决定》对本条例做了第二次修订。

本条例共十一章九十五条，主要内容包括：总则；船舶、浮动设施和船员；航行、停泊和作业；危险货物监管；渡口管理；通航保障；救助；事故调查处理；监督检查；法律责任和附则。

（二）《中华人民共和国船舶最低安全配员规则》

随着我国经济的发展，内河船舶的技术装备水平正在不断提高，内河运输船舶正朝着现代化、大型化、专业化的方向发展，为确保船舶航行、停泊和作业的安全，防止船舶污染水域环境，交通部于1998年5月1日颁布实施了第一部《中华人民共和国船舶最低安全配员规则》，该规则在实施的几年里，由于最低安全配员与船舶类型、通航环境等因素有密切的关系，随着影响因素的变化，并充分考虑该规则的适用性和可操作性，遂进行了部分条款的修订。第二部《中华人民共和国船舶最低安全配员规则》（以下简称“本规则”）自2004年8月1日起施行。在本规则运行10年后，交通运输部决定对《中华人民共和国船舶最低安全配员规则》进行修改，增加一条作为第十条，即关于中国籍船舶配备外国籍船员应当遵守的有关规定，并于2014年9月5日以交通运输部第10号令发布的《关于修改〈中华人民共和国船舶最低安全配员规则〉的决定》修正。2018年11月21日经第19次部务会议通过《交通运输部关于修改〈中华人民共和国船舶最低安全配员规则〉的决定》于2018年11月28日起施行。

本规则共五章二十八条，主要内容包括：总则；最低安全配员原则；最低安全配员管理；监督检查和附则。

（三）《中华人民共和国船舶安全监督规则》

为了保障水上人命、财产安全，防止船舶造成水域污染，规范船舶安全监督工作，根据《中华人民共和国海上交通安全法》《中华人民共和国海洋环境保护法》《中华人民共和国港口法》《中华人民共和国内河交通安全管理条例》《船员条例》等法律法规和我国缔结或者加入的有关国际公约的规定，制定本规则。本规则于2020年3月12日经第8次部务会议通过，自2020年6月1日起施行。2009年交通运输部第15号令公布的《中华人民共和国船舶安全检查规则》同时废止。

本规则共七章六十条，主要内容包括：总则；船舶进出港报告；船舶综合质量管理；船舶安全监督；船舶安全责任；法律责任和附则。

（四）《内河渡口渡船安全管理规定》

为加强我国内河渡口渡船安全管理，维护渡运秩序，保障人民群众生命、财产安全，根据《中华人民共和国内河交通安全管理条例》，制定本规定。本规定于2014年6月12日经第5次部务会议通过，自2014年8月1日起施行。

本规定共七章五十一条，主要内容包括：总则；渡口；渡船和渡船船员、渡工；渡运安全；监督检查；法律责任和附则。

(五)《中华人民共和国船舶交通管理系统安全监督管理规则》

《中华人民共和国船舶交通管理系统安全监督管理规则》（以下简称“本规则”）于1997年9月15日以交通部令1997年第8号发布，自1998年1月1日起施行。本规则内容共六章二十八条。

(六)《中华人民共和国内河交通事故调查处理规定》

水上交通事故的调查处理是海事管理机构的一项重要职责，《中华人民共和国内河交通安全管理条例》仅做了原则性规定。依据《中华人民共和国内河交通安全管理条例》的规定要求，我国制定了具体的事故调查处理法规——《中华人民共和国内河交通事故调查处理规定》，该规则对内河交通事故调查处理的适用范围、调查处理的内容及程序等做了详细的规定。

《中华人民共和国内河交通事故调查处理规定》于2006年12月4日以中华人民共和国交通部令2006年第12号发布；根据2012年3月14日 中华人民共和国交通运输部令2012年第3号公布的《关于修改〈内河交通事故调查处理规定〉的决定》修正。该规定分总则、报告、管辖、调查、处理、附则等六章三十九条，自2007年1月1日起施行。交通部1993年3月24日发布的《中华人民共和国内河交通事故调查处理规则》（交通部令1993年第1号）予以废止。

2012年3月14日交通运输部令2012年第3号公布，自2012年3月14日起施行，交通运输部决定将《中华人民共和国内河交通事故调查处理规定》（交通部令2006年第12号）第二十一条第（五）项修改为：“对事故当事船舶、浮动设施、有关设备以及人员的各类证书、文书、日志、记录簿等相关违法证据可以依法先行登记保存”；本决定自公布之日起施行。

(七)《中华人民共和国消防法》

《中华人民共和国消防法》是为了预防火灾和减少火灾危害，加强应急救援工作，保护人身、财产安全，维护公共安全而制定的法律。2019年4月23日第十三届全国人民代表大会常务委员会第十次会议表决通过《中华人民共和国消防法》的修正，修改条款自2019年4月23日起施行。

《中华人民共和国消防法》第一章总则第五条规定：任何单位和个人都有维护消防安全、保护消防设施、预防火灾、报告火警的义务。任何单位和成年人都有参加有组织的灭火工作的义务。

二、船舶防污染管理的主要法规

(一)《中华人民共和国水污染防治法》

《中华人民共和国水污染防治法》（以下简称“本法”）由中华人民共和国第十届全国人民代表大会常务委员会第三十二次会议于2008年2月28日修订通过（主席第八十七号令），2017年6月27日第十二届全国人民代表大会常务委员会第二十八次会议通过《关于修改〈中华人民共和国水污染防治法〉的决定》的第二次修订，自2018年1月1日起施行。

本法对船舶污油水排放要求和排放标准、船舶防污染设备配置要求、船舶进行可能发生污染的作业要求等内容做了强制性规定。

(二)《中华人民共和国防止船舶污染内河水域环境管理规定》

为防治船舶及其作业活动污染内河水域环境，保护内河水域环境，根据《中华人民共和国水污染防治法》《危险化学品安全管理条例》等法律、行政法规，制定《中华人民共和国防止船舶污染内河水域环境管理规定》（以下简称“本规定”），本规定已于2015年12月15日经第25次部务会议通过（交通运输部2015年第25号令），自2016年5月1日起施行。

本规定共八章五十五条，主要内容包括：总则；一般规定；船舶污染物的排放和接收；船舶作业活动的污染防治；船舶污染事故应急处置；船舶污染事故调查处理；法律责任和附则。

(三)《港口和船舶岸电管理办法》

为了减少船舶靠港期间大气污染物的排放，保障船舶靠港安全规范使用岸电，依据《中华人民共和国港口法》《中华人民共和国大气污染防治法》等法规的规定，制定本办法。

本办法于2019年12月4日经第29次交通运输部部务会议通过。自2020年2月1日起施行。《港口和船舶岸电管理办法》包括总则、建设和使用、服务和安全、监督检查、附则等内容。

思考题

1. 有关船舶安全管理的法律、法规主要有哪些？主要包括哪几个层面的法律规定？
2. 有关船舶防污染管理的法律、法规主要有哪些？

第二节　安全与防污染管理体系介绍

要点

内河客船的所有人或经营人必须依据《中华人民共和国船舶安全营运和防止污染管理规则》的要求建立安全管理体系，体系建立必须充分考虑主管机关、船舶检验机构和水运行业组织建议适用的有关规定、规则、指南和标准。

必备知识

一、体系的概念及内容架构

安全管理体系（简称SMS）是指能使公司人员有效执行公司安全和环境保护方针的结构化和文件化的体系。安全管理体系相关文件包括安全管理手册、须知文件、程序文件和体系运行记录等。安全管理手册全面描述了公司的安全管理体系，阐述了公司安全和环境保护方针，规范了公司安全管理和防止污染的所有活动，明确了安全管理和防止污染的要求，是船公司法规性、纲领性文件。须知文件是对某项活动某个岗位或操作所规定的并通过文件表述的具体要求。程序文件是为进行某项活动所规定的用文件表述的途径。

二、体系的组成机构

进入安全管理体系的组织机构有总经理、指定人员、船务部、机务部、人力资源部、体系办和船舶，其中船务部设有船务部经理、调度主管和消防主管三个岗位，机务部设有机务部经理和机务技术监督员两个岗位。公司所属船舶均严格按照国家法律法规要求足额配备各级船员。

三、体系的运行

（1）确保公司新聘人员在上岗前熟悉其职责。

（2）使公司所有从事安全和防污染工作的人员都能够接受安全管理体系培训，提高安全和防污染意识。

（3）保证安全管理体系信息交流畅通。

（4）加强对船员的考核和管理，保证所配备的船员适任、健康。

（5）为船舶安全和防止污染的操作方案和须知的制定方法和要求提供规范的操作。

（6）规范船上关键性设备及技术系统的标准、依据及方法，能使船员正确、快速地操纵设备及系统，避免发生事故，保障安全。

（7）保证船舶和设备得以维护保养，处于良好的技术状态。

（8）对船舶紧急情况的标明、阐述和反应提出标准和依据。

（9）确保不符合规定的情况、事故和险情能够及时报告公司并进行调查和分析，以便及时制定和实施纠正措施，验证纠正措施的有效性，防止同类问题再次发生，以改进安全和防污染工作。

（10）确保与安全管理体系有关的所有文件和资料处于受控状态，以便对各类文件和资料进行控制。

（11）为了确保安全管理体系得以持续、有效运行和改进，需定期对船岸进行监控检查、内部审核和有效性评价以及必要时的管理复查。

思考题

1. 什么是安全管理体系？它包括哪些内容？
2. 安全管理体系的组织机构有哪些？
3. 如何保持安全管理体系的持续有效运行？

第三节 安全生产标准化介绍

要点

《中华人民共和国安全生产法》和国务院有关文件对企业安全生产标准化建设及其评价工作提出了明确要求，交通运输部坚持依法推进的总体思路，按照“政策引导、依法推进、政府监管、社会监督”的原则，明确企业是推进企业安全生产标准化建设的责任主体，建设评价工作由企业依法自主申报，自主选择经过相应备案的评价机构，不再明确要求限期强制评价，评价机构也可自愿选择是否接受企业建设评价申请。本节主要介绍安全生产标准化的由来和水路旅客运输企业安全生产达标考评指标等内容。

必备知识

一、安全生产标准化的由来

2006年6月27日，全国安全生产标准化技术委员会成立大会暨第一次工作会议在北京召开。

2011年5月6日，国务院“安委会”下发了《国务院“安委会”关于深入开展企业安全生产标准化建设的指导意见》[安委（2011）4号]，要求全面推进企业安全生产标准化建设，进一步规范企业安全生产行为，改善安全生产条件，强化安全基础管理，有效防范和坚决遏制重特大事故发生。

2011年6月29日，交通运输部下发了《关于印发交通运输企业安全生产标准化建设实施方案的通知》[交安监发（2011）322号]，2012年4月20日，交通运输部起草了《交通运输企业安全生产标准化考评管理办法》和《交通运输企业安全生产标准化达标考评指标》，并下发了《关于印发交通运输企业安全生产标准化考评管理办法和达标考评指标的通知》[交安监发（2012）175号]，2016年9月下发了《交通运输企业安全生产标准化建设评价管理办法》，要求各企业结合实际，抓好细化落实。

安全生产标准化体现了“安全第一、预防为主、综合治理”的方针和“以人为本”的科学发展观，强调企业安全生产工作的规范化、科学化、系统化和法制化，强化风险管理和过程控制，注重绩效管理和持续改进，符合安全管理的基本规律，代表了现代安全管理的发展方向，是先进安全管理思想与我国传统安全管理方法、企业具体实际的有机结合，有效地提高了企业安全生产水平，从而推动了我国安全生产状况的根本好转。

为了强化服务，减轻企业负担，已建立安全管理体系并已取得船舶管理公司符合证明的航运企业可不再申请标准化建设评价，视同满足企业安全生产标准化建设二级水平。同时，规定已经取得企业安全生产标准化证明的企业，连续3个年度核查评为优秀的，可直接换发评价证明。

二、水路旅客运输企业安全生产达标考评指标

水路旅客运输企业（三级）安全生产达标指标共16项考评项目，55项考评要点（如表2-1所示），作为水路旅客运输企业的从业人员应了解这些考评指标，熟练掌握本岗位的安全职责、岗位安全操作规程、安全风险及管控措施等指标内容，并认真履行其职责。对于已达标的企业从业人员必须严格执行各项指标的要求。

表2-1　水路旅客运输企业安全生产达标（三级）考评指标及分值

考评项目	考评要点		分值
（一）安全目标（35分）	1.安全工作方针与目标	①制定企业安全生产方针、目标和不低于上级下达的安全控制指标	5
		②制定实现安全工作方针与目标的措施	5
	2.中长期规划	制订和实施企业安全生产中长期规划和跨年度专项工作方案	5
	3.年度计划	根据中长期规划，制订年度计划和年度专项活动方案，并严格执行	5
	4.目标考核	①将安全生产管理指标进行细化和分解，制定阶段性的安全生产控制指标	5
		②制定安全生产目标考核与奖惩办法	5
		③定期考核年度安全生产目标完成情况，并奖惩兑现	5
（二）管理机构和人员（40分）	1.安全管理机构	①成立安全生产委员会（或领导小组），下属各分支机构分别成立相应的领导机构，“安委会”职责明确，实行主要领导负责制	10
		②按规定设置与企业规模相适应且独立的安全生产管理机构	10
		③定期召开安全生产委员会会议，安全生产管理机构和下属各分支机构每月至少召开一次安全工作例会	5
	2.管理人员配备	①按规定足额配备专职安全生产和应急管理人员	10
		②公司领导设置专职海务和机务负责人	5
（三）安全责任体系（45分）	1.健全责任制	①企业主要负责人、分管领导、全体员工安全职责明确，制定并落实安全检查生产责任制，层层签订安全生产责任书，并落实到位	10
		②主要负责人或实际控制人是安全生产第一责任人，按照安全生产法律法规赋予的职责，对安全生产负全面组织领导、管理责任和法律责任，并履行安全生产的责任和义务	5
		③分管安全生产的负责人是安全生产的重要负责人，统筹协调和综合管理企业的安全生产工作，对安全生产负重要管理责任	5
		④其他负责人和全体员工实行“一岗双责”，对业务范围内的安全生产工作负责	5

（续表）

考评项目	考评要点		分值
		⑤安全生产管理机构、各职能部门、生产基层单位的安全职责明确并落实到位	10
	2.责任制考评	根据安全生产责任进行定期考核和奖惩，公告考评和奖惩情况	10
（四）法规和安全管理制度（70分）	1.资质	水路运输许可证、企业法人营业执照合法有效、经营范围符合要求	5
	2.法规	①及时识别、获取适用的安全生产法律法规、标准规范	5
		②将法规标准和相关要求及时转化为本单位的规章制度并贯彻到各项工作中	5
		③执行并落实安全生产法律法规、标准规范	5
		④将适用的安全生产法律、法规、标准及时对从业人员进行宣传和培训	5
	3.安全管理制度	①制定并及时修订安全生产管理制度，包括：安全生产责任制；安全例会制度；文件和档案管理制度；安全生产费用提取和使用管理制度；设施、设备、货物安全管理制度；安全生产培训和教育学习制度；事故统计报告制度；安全生产奖惩制度	10
		②对从业人员进行安全管理制度的学习和培训	5
	4.岗位安全生产操作规程	①制定并及时修订各岗位的安全生产操作规程，并发放给到岗位（职工）	10
		②对从业人员进行安全操作规程的学习和培训；从业人员严格遵守本单位的安全操作规程	5
	5.制度执行及档案管理	①执行国家有关安全生产方针、政策、法规及本单位的安全管理制度和操作规程，依据行业特点，制定企业安全生产管理措施	5
		②每年至少一次对安全生产法律法规、标准规范、规章制度、操作规程的执行情况进行检查	5
		③建立和完善各类台账和档案，并按要求及时报送有关资料和信息	5
（五）安全投入（45分）	1.资金投入	①按规定足额提取安全生产费用	10
		②安全生产经费专款专用，保证安全生产投入的有效实施	10
		③及时投入满足安全生产条件的所需资金	10
		④为旅客投保承运人责任险	5
	2.费用管理	①跟踪、监督安全生产专项经费使用情况	5
		②建立安全费用使用台账	5

（续表）

考评项目	考评要点		分值
（六）装备设施（100分）	1.设备设施管理	①安全生产设施设备符合有关规定，并保证齐全、完好、没有随意改动	10
		②船舶建造和修理符合法定检验规定，各类证书齐全、有效	5
		③建有船舶设备设施维护保养制度和定期维护保养计划，并得到落实，船舶设施设备技术状况良好	10
		④标识船舶关键性设备（至少包括主机、发电机和船舶电站、舵机、锚机、消防救生设备、防污染设备等），并定期检测或进行效用试验，工况良好，各项记录齐全	10
		⑤船舶设备设施管理，船舶技术资料、图纸台账齐全，记录完整	5
		⑥设有覆盖安全重点部位视频监控设备，并保证实时监控	5
		⑦客舱设置应急通道，并标识清晰	10
	2.安全防护设施设备	①按国家有关规定配备有效的安全、消防、救生和环境保护设备及器材	15
		②安全、消防、救生和环境保护设施设备标识清晰，指定专人管理，并进行定期检测、检验，保持记录完整	10
	3.通导设备管理	按规定为船舶配备雷达、GPS、VHF、AIS、罗经等通航辅助设备，工作正常，记录完整	5
	4.备件物料工属具管理	建有船舶备件、物料、工属具配备管理制度，船舶消耗常用备件、物料配备齐全	5
	5.电气安全管理	按国家有关法律法规规范船舶电气安全管理	10
（七）科技与信息化（55分）	1.科技创新及应用	①使用先进的、安全性能可靠的新技术、新工艺、新设备和新材料，优先选购安全、高效、节能的先进设备	10
		②组织开展安全生产科技攻关或课题研究	10
		③设有安全生产管理系统或平台	10
		④应用现代科技手段，提升安全管理水平	10
	2.科技信息化	①设有电子显示设备	5
		②设有其他的安全监管信息系统	10
（八）队伍建设（90分）	1.培训计划	制订并实施年度及长期的继续教育培训计划，明确培训内容和年度培训时间	10
	2.宣传教育	组织开展安全生产的法律、法规和安全生产知识的宣传、教育	10
	3.管理人员	①企业主要负责人和管理人员具备相应安全知识和管理能力，并取得行业主管部门培训合格证	10

（续表）

考评项目	考评要点		分值
		②专（兼）职安全管理人员具备专业安全管理知识和经验，熟悉各岗位的安全生产业务操作规程，运用专业知识和规章制度开展安全生产管理工作，并保持安全生产管理人员的相对稳定	15
	4.从业人员培训	①从业人员每年接受再培训、提高从业人员的素质和能力，再培训时间不得少于有关规定学时，未经安全生产培训合格的从业人员，不得上岗作业	10
		②转岗人员及时进行岗前培训	10
		③新技术、新设备投入使用前，对管理和操作人员进行专项培训	10
	5.规范档案	①建立健全安全宣传教育培训考评档案，详细、准确地记录培训考评情况	5
		②对培训效果进行评审，改进提高培训质量	10
（九）作业管理（175分）	1.现场作业管理	①严格执行操作规程和安全生产作业规定，严禁违章指挥、违章操作、违反劳动纪律	5
		②具有与经营规模、范围相适应的专业技术人员、管理人员和操作人员，按规定持证上岗，船员应持相应、有效的船员证书和对应船种特殊培训证书	10
		③严禁无关人员进入影响船舶航行安全工作区域	5
		④制定至少包括下列危险作业的安全监督管理制度，明确责任部门、人员、许可范围、审批程序、许可签发人员等：危险区域动火作业；进入受限空间作业；高空作业；装卸危险品货物作业；其他危险生产作业	5
		⑤制定船舶防碰、防风、防雾、防触礁、防搁浅、防火防爆、防人员落水、防污染、靠（离）泊作业、过闸、过桥、以及通过危险航段和船舶求助作业等关键性操作措施，并严格实施	10
		⑥船舶航行日志、轮机日志、车钟记录簿、油类记录簿、垃圾记录簿、客运记录等台账记录完整、规范，符合规定	5
	2.安全值班	①建有船舶航行值班制度；交接班制度；停泊值班制度；开航前安全检查制度；轮机、驾驶两部门联系制度；巡回检查制度；航次作业会议制度，并贯彻落实	5
		②重要时期实行领导到岗带班，有值班记录	5
	3.相关方管理	制定经营相关方及外来方参观、学习等人员安全管理制度，明确安全职责和可能接触的危害，告知应急避险知识	5

（续表）

考评项目	考评要点		分值
	4.旅客安全管理	①制定旅客安全检查制度，客舱安全巡查制度，旅客上下船安全操作程序，采取措施严防违禁物品上船，并指定专人进行旅客巡查管理	10
		②船舶实行安全告知，制定旅客安全告知制度，定时向旅客宣传消防求生和水上安全知识、防污染知识	5
		③建有旅客食品卫生安全管理制度和旅客传染病、疫情报告与控制管理制度，及时报告和处理疫情与病员	5
		④旅客应急通道畅通	5
	5.进出港作业管理	①严格执行船舶靠离码头及锚泊作业安全规范	5
		②严格按核定人员载客运行，无超载、超员等违反运输规定的行为	10
	6.消防管理	①确立防火安全管理制度，船舶使用明火作业申报制度并贯彻落实	5
		②制定固定灭火系统安全操作程序	5
		③客区张贴消防安全须知，客房有消防安全提示	5
		④定期开展消防安全检查，统计分析消防工作现状，完善消防工作措施	5
		⑤船舶配有火灾应急应变部署表、船舶防火控制图	5
		⑥消防器材定期做保养，状态良好，放置合理	10
	7.防污染管理	①制订船舶防油污应急计划，并得到主管机关批准	5
		②制定船舶垃圾管理制度，实行分类收集存放管理	5
		③防污染设备设施齐全，建有使用维护管理制度	10
		④制定加装燃润油和油污水、生活污水处理程序，并严格执行	15
		⑤油类记录和生活垃圾处理记录齐全	5
	8.警示标志	在存在危险因素的作业场所和设备设施，设置明显的安全警示标志，警示、告知危险种类、后果及应急措施	5
（十）危险源辨识与风险控制（45分）	1.危险源辨识	①开展本单位危险设施或场所危险源的辨识和确定工作	10
		②辨识重大危险源，采取有效防护措施，按规定报有关部门备案	15
	2.风险控制	①及时对作业活动和设备设施进行有害因素识别	10
		②向从业人员如实告知作业场所和工作岗位存在的危险因素、防范措施以及事故应急措施	5
		③对危险源进行建档，重大危险源单独建档管理	5

（续表）

考评项目	考评要点		分值
（十一）隐患排查与治理（70分）	1.隐患排查	①制定隐患排查工作方案，明确排查的目的、范围，选择合适的排查方法	10
		②每月至少开展一次安全自查自纠工作，及时发现安全管理缺陷和漏洞，消除安全隐患，检查及处理情况应记录在案	15
		③对各种安全检查所查出的隐患进行原因分析，制定针对控制对策	10
	2.隐患治理	①制定隐患治理方案，包括目标和任务、方法和措施、经费和物资、机构和人员、时限和要求	5
		②对上级检查指出或自我检查发现的一般安全隐患，严格落实防范和整改措施，并组织整改到位	5
		③重大安全隐患报相关部门备案，做到整改措施、责任、资金、时限和预案“五到位”	10
		④建立隐患治理台账和档案，有相关的记录	5
		⑤按规定对隐患排查和治理情况进行统计分析，并向有关部门报告	10
（十二）职业健康（25分）	1.健康管理	①设置或指定职业健康管理机构，配备专（兼）职管理人员	5
		②按规定对员工进行职业健康检查	5
	2.工伤保险	为从事危险作业人员参加工伤保险	5
	3.危害告知	对从业人员进行职业健康宣传培训，使其了解作业场所和工作岗位存在的危险因素和职业危害、防范措施和应急处理措施，降低或消除危害后果等	5
	4.环境与条件	为从业人员提供符合职业健康要求的工作环境和条件，配备与职业健康保护相适应的设施、工具	5
（十三）安全文化（35分）	1.安全环境	①设立安全文化廊、安全角、黑板报、宣传栏等员工安全文化阵地，每月至少更换一次内容	5
		②公开安全生产举报电话号码、通信地址或电子邮件信箱，对接到的安全生产举报的投诉及时予以调查和处理	5
	2.安全行为	①开展安全承诺活动	5
		②编制旅客运输安全知识手册，并发放到职工手中	5
		③组织开展安全生产月活动、安全生产竞赛活动，有方案，有总结	5
		④对在安全生产工作中做出显著成绩的集体、个人给予表彰、奖励，并与其经济利益挂钩	5
		⑤对安全生产进行检查、评比、考评、总结和交流经验，推广安全生产先进管理方法	5

（续表）

考评项目	考评要点		分值
（十四）应急救援（85分）	1.预案制定	①制定相应的突发事件应急预案，有相应的应急保障措施	10
		②结合实际将应急预案分为综合应急预案、专项应急预案和现场处置方案	5
		③应急预案与当地政府预案保持衔接，报当地有关部门备案，通报有关协作单位	5
		④定期评审应急预案，并根据评审结果或实际情况的变化进行修订和完善	10
	2.预案实施	①开展应急预案的宣传教育，普及生产安全事故预防、避险、自救和互救知识	5
		②开展应急预案培训活动，使有关人员了解应急预案内容，熟悉应急职责、应急程序和应急处置方案	5
		③发生事故后，及时启动应急预案，组织有关力量进行救援，并按照有关规定将事故信息及应急预案启动情况报告有关部门	10
	3.应急队伍	①建立与本单位安全生产特点相适应的专兼职应急队伍，或指定专兼职应急救援人员	5
		②组织应急救援人员日常训练	5
	4应急装备	①按照应急预案的要求配备相应的应急物资及装备	5
		②建立应急装备使用状况档案，定期进行检测和维护，使其处于良好状态	5
	5.应急演练	①按照有关规定制订应急预案演练计划，并按计划组织开展应急预案演练	10
		②应急预案演练结束后，对应急预案演练效果进行评审，撰写应急预案演练评审报告，分析存在的问题，并对应急预案提出修改意见	5
（十五）事故报告调查处理（50分）	1.事故报告	①发生事故及时进行事故现场处置，按相关规定及时、准确、如实向有关部门报告，没有瞒报、谎报、迟报情况	10
		②跟踪事故发展情况，及时续报事故信息，建立事故档案和事故管理台账	5
	2.事故处理	①接到事故报告后，迅速采取有效措施，组织抢救，防止事故扩大，减少人员伤亡和财产损失	10
		②发生事故后，按规定成立事故调查组，积极配合各级人民政府组织的事故调查组的询问，如实提供有关情况	5
		③按时提交事故调查报告，分析事故原因，落实整改措施	5
		④发生事故后，及时召开安全生产分析通报会，对事故当事人的聘用、培训、考评、上岗以及安全管理等情况进行责任倒查	5

（续表）

考评项目	考评要点		分值
		⑤按“四不放过”原则严肃查处事故，严肃查处安全生产事故，严格追究责任领导和相关负责人，处理结果报有关部门备案	10
（十六）绩效考核与持续改进（35分）	1.绩效评定	每年至少一次对本单位安全生产标准化的实施情况进行评定，对安全生产工作目标、指标的完成情况进行综合考评	5
	2.持续改进	提出进一步完善安全标准化的计划和措施，对安全生产目标、指标、管理制度、操作规程等进行修改完善	10
	3.安全管理体系建设	根据企业生产经营实际，建立相应的安全管理体系，规范安全生产管理，形成长效机制	20
累计总分			1000

思考题

1. 什么是安全生产标准化?

2. 水路旅客运输企业（三级）安全生产考评指标设置了多少项考评项目?

3. 水路旅客运输企业从业人员在安全生产标准化建设过程中应当如何履职?

第三章 管理职责与权限

第一节 客船船员职责与管理

要点

本节内容主要包括客船各部门针对旅客管理的安全职责；旅客乘船的宣传技巧和安全、防污染宣传内容；服务部（酒店部）及餐务部针对船舶安全、旅客人身安全和食品安全的注意事项；客区、娱乐区的安全检查方法、要领和检查内容；旅客安全上、下船的程序、须知等。作为在客（渡）船上工作的人员应掌握相关知识。

必备知识

一、客船各部门针对旅客管理的安全职责

大型内河客船的旅客安全管理按部门（其中有驾驶部、轮机部、酒店部或客运部、餐务部）、职务、员工进行管理，船长是全船安全管理的第一责任人，各部门开航前检查完毕后必须报船长确认。船舶客运经理（酒店经理、客房主管）全面负责船舶旅客的日常管理工作，船公司酒店管理部或客运管理部负责对所属船舶的旅客安全管理进行业务指导、监督。

旅客购票上船后，船舶应按船票约定将其安全地从甲地送往乙地。旅客上、下船时，驾驶部人员应搭设好安全跳板，冬季还应按规定铺设防滑垫。客运人员引导旅客走安全通

道，防止旅客翻挡、跨挡或因拥堵造成挤压。船舶应在危险区域或者禁止旅客进入的区域设置安全警示标识和安全防护设施。船舶应对旅客在船生活提供便利，为其提供饮用开水、洗澡热水（标明注意事项以免烫伤）以及舒适的舱室空气温度等，客舱内按规定配置救生衣。大型豪华旅游船实行酒店式管理，并为旅客提供星级酒店的服务。

(一)驾驶部安全管理职责

（1）保证旅客安全，应首先保证船舶航行安全，将旅客安全、舒适、准时地送达目的地。

（2）开航前检查由本船行政大副负责或指定二副执行，各设备及证书相关管理人员应向开航前检查人员提供情况。

（3）在开航及靠离码头或抛绞锚作业时，工作场所及工作场地决不允许旅客进入，特别是船舶抛锚、起锚、收缆、绞缆时更不允许旅客进入，防止误伤旅客。

（4）在靠离码头完毕后，各楼层船首及船尾两舷的出缆、收缆孔要将防护链（或防护栏杆、波门）按规定复位或关闭。案例：1996年×船公司×轮执行黄石至武汉段航行任务，由于二楼尾部左舷缆孔的防护链未复位，造成一名旅客从此处落入江中，最后船公司在武汉海事法庭输了官司。

(二)轮机部安全管理职责

轮机部负责全船机械和电气设备的维护、维修工作。开航前检查由轮机长负责，设备分管负责人对所管辖设备分别或联合进行安全检查，检查结果报船长决策，确保机电设备运行正常。

（1）保证客区的水、电供应，采用淋浴的卫生间热水温度适度，水龙头有明确的冷热水开关标识和使用注意警示。

（2）卫生间应使用剃须刀专用插座（带隔离变压器的插座），以防旅客剃须刀受潮漏电发生触电事故，并注意插座使用功率；客房插座应限制旅客自带电器的使用功率，禁止使用电热器具。

（3）客区必须使用双极开关，严禁使用单极开关。

（4）旋转机械必须有可靠的防护罩，通风口应有隔栅。

（5）灯具、灯罩要完好，灯具严格按要求安装灯泡，白炽筒灯严禁使用60瓦以上的白炽灯。

（6）对客区的配电设备、分电箱等定期维护、检查并锁闭，防止客人误接触而发生触电事故。

（7）空调机组要根据外界温差、时段适时调整制冷温度，接水盘、落水管要及时疏通，防止冷凝水过多造成电气设备短路引发火灾。

（8）机舱、舵机舱及其他机械舱门口区域（特别是旅客必经过道）在检修完毕后要及时清洁，保持该区域不能有油污。

（9）未经轮机长许可旅客禁止进入机舱。

(三)酒店部(客运部)安全管理职责

（1）旅客上船时酒店部（客运部）人员要引导客人从安检通道登船，并配合港口工作人员进行实名制登记。旅客行李或包裹必须通过安检设备检查，防止旅客违规携带易燃、易爆、有毒、有腐蚀性、有放射性以及可能危及船舶人身和财产安全的危险品或违禁品上船。

（2）危重病人或精神病患者乘船必须有专人护送；否则客运经理（或酒店经理）可拒

绝其乘船并劝其改乘其他交通工具。

（3）船舶应以广播、张贴等形式向旅客宣传、公示“旅客乘船安全须知”“环保公告”“救生衣穿着方法”等内容。案例：2011年8月20日重庆×船务公司的国内旅游船由于安全宣传未到位，睡上铺的旅客不知道使用挡铺板，造成睡上铺的小孩摔成重伤事故。

（4）航行中服务人员对旅客在危险区域照相、玩耍等危险行为，有提醒、阻止的义务。

（5）服务人员要按规定时间对客区及客房进行巡查，对旅客在船不遵守消防安全的行为（如乱扔烟头、倒床抽烟、在灯具上烘烤衣物、在客舱内使用大功率电器等），有制止、劝阻的义务，对不听劝阻者，立即报告值班领导。

（6）船舶正常营运期间，不论航行还是停泊，酒店部或客运部相关人员对客区的客运设施及消防、救生设备要按各公司规定频次进行巡查。巡查要做到一看、二闻、三听。看就是看各设施、设备有无异常情况；闻就是闻有无异味，比如烟味；听就是听有无异常响动，并将巡查情况记入值班记录。

（7）旅客在船上发生疾病或遭受伤害时，船舶应采取措施尽力照顾和救护，必要时报告船长，将旅客转移到就近港口医治，并填写客运记录。

（8）旅客在船死亡时，酒店经理（或客运经理）应立即通知有关人员到事发现场做好调查、取证与善后工作，如有乘警随船的，要及时报告乘警；无乘警随船的，要及时报告所属地公安机关。并与公司应急指挥中心和公司主管部门取得联系，报告事态的发展情况，接受上级指令，将死亡旅客移交到就近港口会同公安部门处理，并填写客运记录。

（四）餐务部安全管理职责

（1）餐务人员应熟练掌握食物原料特性，因料施用烹调方案，为旅客提供餐饮服务。

（2）墩板、抹布一定要经常消毒、分类使用。

（3）冰箱、冰房按规定清洗整理，生、熟食品分开使用。

（4）保持厨房清洁，防止苍蝇、老鼠、蟑螂的侵入。

（5）餐务人员必须穿洁净的工装和戴工作帽操作。凉菜间和熟食分菜操作人员应戴口罩、戴手套，禁止赤手直接接触熟食品。

（6）餐务人员每年应进行健康体检，持健康证上岗。身体健康，手部应保持干净，不能有开放性伤口、污垢等。

（7）厨具、餐具按规定消毒。

（8）对于提供超出100人以上的餐饮时，餐厅要按规定对餐饮食品留样，留样食品不低于100克，储藏温度0至4摄氏度，时间不低于48小时，并标明品名、留样时间，留样人上锁及做好记录。

（9）不使用过保质期及有异味或不洁的食品原料。案例：2011年4月27日，×船公司×国内旅游船在岳阳二十几名旅客因吃了变质的食物而中毒。

二、旅客乘船的宣传技巧和安全、防污染宣传内容

旅客上船以后，船舶应尽快让其了解乘船安全须知。通过旅客说明会、广播、影像、VCD和张贴文字说明等形式向旅客介绍本船的救生、消防等设施、设备的配备、设置及使用情况；救生衣的穿戴方法；介绍船上生活（含医疗）、娱乐等设施所在位置及相关使用注意事项；介绍旅客乘船的一般安全常识及其他安全须知。

(一)旅客乘船的一般安全知识宣传

1. 救生、消防知识宣传

(1) 本船救生、消防设备的配备、设置情况

旅客上船后，应及时向旅客介绍本船的消防设备、救生设备的配备情况、设置情况，尤其需提醒旅客救生衣放置的位置。向旅客宣传有关火灾预防的知识及消防常识。

(2) 救生衣的穿戴

船舶紧急状态时，旅客应穿着救生衣，船员应保证旅客适当着装并正确穿着救生衣。如有可能，应在最外层穿着不透水的衣服，如防水夹克、雨衣、含油脂衣服等；内层尽可能穿着有保温作用的衣、裤、毛线衣等。在寒冷的气候中更要戴手套、穿毛袜、戴毛线帽等，以防止体热迅速散失。

旅客可以按照如图3-1所示救生衣穿着示意图或船员的指示正确穿着船上的救生衣。

(a) 将救生衣从放置处取出
(Take out the lifejacket from the chest)

(b) 松开胸带扣及腰带扣，使反光带向外将救生衣套在颈上
(Undo the belt and put on the lifejacket from your neck with the reflective tape outward)

(c) 插好胸带扣，收紧腰带并插好腰带扣（穿着者松紧适宜即可）
(Button the belt in the front of you in moderate to good)

(d) 紧急情况下可使用救生衣上配备的口哨进行呼救
(You can whistle in the emergency)

图3-1　救生衣穿着示意图（Tips for putting on the lifesaving jacket are as follows）

注意事项：

①使用救生衣前应检查救生衣是否有破损，系结带是否完好，救生衣属具是否齐备。

②救生衣的系结一般采用缩帆结，松紧适度，求生时结成死结，训练时可结成活结。

2. 船上生活（含医疗）、娱乐等设施的介绍

不同类型的客船其生活（含医疗）、娱乐等设施的配备、设置差别较大。为方便旅客在船期间的生活，旅客上船以后，船上应及时将这些设施、设备向旅客介绍，介绍内容包括：所在位置、开放时间及其他有关注意事项。

3. 旅客乘船一般安全常识宣传

旅客乘船期间的安全问题既关系到旅客的人身安全和财产安全，又关系到船舶的安全，因此，旅客上船后，应及时向旅客介绍关于安全用电、船上的设施设备不能随意挪动（挪用）、小孩的照看、个人财产的管理等一般安全常识。

（1）旅客不准携带上船和不准托运的物品

旅客不准携带以下物品上船：违禁品或易燃、易爆、有毒、有腐蚀性、有放射性以及可能危及船上人身和财产安全的其他危险品；各种有臭味、恶腥味的物品；灵柩、尸体、尸骨。

不能办理托运的物品：违禁品或易燃、易爆、有毒、有腐蚀性、有放射性以及可能危及船上人身和财产安全的其他危险品；污秽品、易于损坏和污染其他行李和船舶设备的物品；货币、金银、珠宝、有价证券或其他贵重物品；活动物、植物；灵柩、尸体、尸骨。

（2）旅客携带活动物的规定

旅客携带的活动物，应符合下列条件，否则不得携带上船：

①警犬、猎犬应有笼嘴牵绳。

②供科研或公共观赏的小动物，应装入笼内，笼底应有垫板。

③家禽应装入容器中。

（3）旅客行李放置的注意事项

①旅客上船以后，不得将随身携带的行李随意放置在舱外甲板（尤其是船首甲板）上，应按规定放置在舱内，并注意妥善保管（尤其是贵重物品）。

②需对行李进行适当绑扎、固定，防止因船舶摇动产生货物移动而影响船舶稳性。

③旅客行李应放置在低处，避免因船舶摇摆造成行李坠落伤击旅客等意外事故发生。

（二）旅客的应急知识宣传

1. 弃船应变部署

（1）弃船警报信号

在发生应急情况时，汽笛或口哨及船上的警铃应发出警报信号：“七短一长声·······—”。

（2）听到应急警报信号后的行动

按工作人员的指引到达集合地点，去集合地点的方向标志包括集合地点标志和一个指示正确方向的箭头。

①如果听到警报信号时你在你居住的舱室内或靠近你居住的舱室，或如果你接近你的随身物品，可多穿些衣服，拿一些最有用的药品，然后按方向标志的指示到集合地点。

②如果救生衣在舱室中，并且你在你居住的舱室内或靠近你居住的舱室，在到集合地点之前穿上救生衣。

③协助其他需要帮助的人。

④听从船员和有线广播系统的指挥。

⑤不要回到你居住的舱室中收拾你的物品或带你的行李物品到集合地点。

⑥不要寻找你的同伴——集合地点是你们会合的地方。

⑦如船舶有电梯，不要使用电梯。因为紧急情况可能引起断电、电机损坏，这样电梯就会无法运行。而且当船舶处于倾斜时，电梯的垂直方向随时改变，将无法正常运载船员及旅客。

⑧如果最近的出口受阻，使用图式上标出的替代出口。该出口由一虚线箭头指示。

（3）船员标志

在紧急情况下旅客必须能从其他旅客中识别出能指导和帮助他们的船员。为此，船员应身着制服、工作服或有其他醒目特征，如标有“船员”字样或其他明显标志的帽子及背心。在长途航线上，此类背心应放置在应急位置，供不在岗位或未穿制服的船员使用。

2. 向旅客提供其他应急须知的要求及方法

（1）要求给每个旅客发一份简要的有关安全的卡片和折纸卡。提醒旅客注意应急须知的内容，并鼓励旅客阅读安全小册子。最有效的方法通常是利用船上的有线广播系统或录像、VCD等进行宣传。在某种情况下，在客运站提供安全信息比在船上更合适，可考虑用下列方法来提供安全信息：

①在客运站张贴宣传或显示信息。

②定期在客船使用率高的地区散发有关安全的印刷品。

③在船上的公共场所进行安全及救生衣演示。

④向儿童提供特别的信息卡、彩色书籍及其他有趣的宣传活动。

⑤在厕所门内侧也可张贴安全须知。

⑥在船上的公共场所和禁止区域喷涂有关警告标语。如“禁止烟火”“禁止站立”“船帮危险”等。

（2）应急须知应在全体旅客上船后而船未离码头或刚离码头时即宣布。

在广播旅客应注意的应急须知时，不应广播其他公告或音乐。商店、娱乐设施应暂时停止服务。因为航行开始后很难引起全体旅客的注意，所以建议在利用船上广播宣布公告前应发出特别的警告声，随后请全体人员注意，公告应给听众传达足够的信息并简明扼要。应使旅客必要时能有秩序地集合或从应急出口疏散，鼓励旅客去了解熟悉集合地点及从住舱到集合点的路线，使他们知道上船时的入口并不是紧急时要去的地方。

(三)应急须知广播的样本

1. 中、大型内河客船

（1）特别信号。

（2）女士们、先生们，请你们仔细听下面的安全公告。

（3）万一发生应急事件须弃船时，将会发出弃船应急警报。当听到警报时你必须马上到你的或最近的集合地点。

（4）此信号是气笛及船上的警铃发出的七短一长声（建议此时广播录制好的警报信号）。

（5）救生衣在你舱室的××位置，在到集合地点之前穿上救生衣。

（6）如果你没有在你的舱室或离你的舱室很远，请直接到离你最近的集合地点。如果听到警报声时，你在你的舱室或靠近你的舱室附近，请多穿衣服，拿一些有用的药品，然后按方向标志的指示到你的集合地点。

（7）本船的集合地点位于××位置，并有明显的集合地点的标志。

（8）如果需要帮助，船员会为你提供帮助，你要保持镇静并听从船员的指挥。

（9）请你注意旅客应急须知通告及公告，在你的舱门上和其他地方标有船舶的脱险通道的图示。

（10）请阅读安全注意事项，了解从你的舱室到指定的集合地点和最近的开敞甲板的脱险通道。

（11）请了解救生衣的穿着方法和存放地点。

（12）全船都张贴着为保护你安全的须知和注意事项的公告。上船后遵循这些要求是很重要的。如果你有任何关于安全的问题，请不要犹豫，立刻去询问任何一个船员。

2. 小型内河客船

（1）特别信号。

（2）女士们、先生们，请你们仔细听下面的安全公告。

（3）万一发生应急事件须弃船时，将会发出弃船应急警报。当听到警报时你要保持镇静并听从船员的指挥。

（4）此信号是船用号笛及船上的警铃发出的七短一长声（建议此时广播录制好的警报信号）。

（5）当听到警报时，请多穿衣服，救生衣在你的舱室的××位置，在离开舱室前请穿上救生衣。

（6）本船有××个应急出口，分别在××位置，标有应急出口的明显标志，如果需要帮助，船员会为你提供帮助。

（7）请你注意旅客应急须知通告及公告。

（8）全船都张贴着为保护你安全的须知和注意事项的公告。上船后遵循这些要求是很重要的。如果你有任何关于安全的问题，请不要犹豫，立刻去询问任何一个船员。

（四）广播应急声明样本

1. 失火

各位旅客：

请注意，请注意，下面广播紧急通知。我船的主甲板前部客舱失火，火势未波及的舱室的旅客回到自己的客舱，有危险的旅客请按照我船船员的指示去做，请旅客们不要惊慌。我船配有完善的消防系统，全体船员受过专业的灭火训练，并有丰富的应急经验，我们有能力控制和扑灭火灾，我们将继续通告灭火的进展情况。

2. 弃船

各位旅客：

请注意，请注意，下面广播紧急通知。我船因与不明船舶发生碰撞（火灾不能控制，触礁漏水不能控制）……船体受到严重损伤，需要弃船，我船将使用救生设备帮助大家离开本船。我船有完善的救生设备，并有充足的撤离时间，请大家不要惊慌，镇定、镇定，按照指示做好如下几件事：

（1）适当穿着衣服并穿好救生衣。

（2）不要携带较大的行李。

（3）发扬团结互助的精神，照顾好老、幼、病、残旅客。

（4）请旅客们服从工作人员的指挥，我们将分批离船。

三、酒店部(或客运部)及餐务部针对船舶安全、旅客人身安全和食品安全注意事项

在大型内河客船的酒店部（或客运部）、餐务部工作的人员，工作中遵守船舶制订的各种安全预防措施和安全守则，尤其是厨房工作人员对各种厨房设备安全使用注意事项必须牢记在心，预防意外受伤。

(一)酒店部(或客运部)安全注意事项

（1）留意是否有危险工作情况，如有发现，应立即制止并向领班（或主管）报告。

（2）非紧急情况，不得在客区内奔跑。

（3）为防止垃圾桶内有碎玻璃，不可将手伸进垃圾桶或垃圾袋内，以防止刺伤手。

（4）如需推车，请用双手推动，以策安全。

（5）如工作地带（甲板）湿滑或有油污，应立即抹去，以防旅客和员工滑倒。

（6）不要用损坏的清洁器具，以免危险。

（7）如需取高处物品，应使用梯架，同时要考虑船舶航行摇摆的影响，必要时要有专人扶住梯架。

（8）如发现客区过道或楼梯照明不良或设备损坏，应马上报告，尽快修理。

（9）在公众地方放置工作车、吸尘机等，应尽量放置在过道旁，并留意是否有电线绊脚的可能性。

（10）所有玻璃或镜，如发现有崩裂，应立即报告，及时更换。不能及时更换的，要用强力胶纸贴上，以防有坠落的危险。

（11）在玻璃门视线高度贴上有色字体或图案，以防客人或船员撞伤。

（12）高空作业和在无工作栏杆的舷外清洁时，必须系安全带。

（13）船上购置的所有活动家具，应充分考虑船舶在航行中，遇紊乱水流、风浪等的影响出现摇摆的情况，家具的稳定性一定要好并按规定系固，防止倾倒滑动而堵塞安全通道或砸伤旅客。

（14）船上的所有物品（布草、备品、工属具等）必须入库，不得放置在应急通道。

(二)厨房设备安全使用注意事项

船舶厨房位置相对狭窄，电气设备较多，环境潮湿，厨房设备的安全使用是确保船舶、旅客安全的一个重要前提。对于在厨房工作的人员：一是要熟悉各种设备的性能和操作规程。二是要建立相应的规章制度。三是要落实相应的维护保养人员，确保设备处于正常使用状态。所有电气设备都应有效接地。四是厨房清洁时不能用水冲洗电气设备。案例：1987年，某客船一名厨房员工在冲洗地面时，发现绞肉机支架上有残余的肉渣，便用手去掏，由于该绞肉机未接地，该员工不幸触电身亡。

1. 电烤箱安全使用注意事项

（1）严禁将电源线、插头及电烤箱浸入水中或其他液体中，以防触电。

（2）如图3-2所示，电烤箱在工作时，表面温度很高，请勿随意触摸。如需触碰或移动电烤箱，应使用电烤箱专用手套。

（3）电烤箱应安放在干燥、平坦、隔热的地方，并在周围保留足够的空间。

（4）长时间不使用或清洁电烤箱，应拔掉电源插头。

（5）严禁将易燃物或热源放置在电烤箱的附近，电烤箱使用完毕后，应将定时器旋转至“关闭”位置，并拔掉电源插头。

（6）不能将密闭的容器放在电烤箱内加热，加热物品时，容器内应预留足够的空间，以防液体沸腾溢泻。

图 3-2　船用电烤箱

2. 绞肉机安全使用注意事项

（1）绞肉机（如图 3-3 所示）由专人使用，其他人不可任意操作绞肉机。

（2）厨房员工在使用绞肉机后要先拔掉电源，再清洗绞肉机。

（3）当船舶在风浪中航行，厨房员工在使用绞肉机时，要特别小心，避免发生意外。

（4）绞肉机发生故障时，一定要先拔掉电源再进行修理。

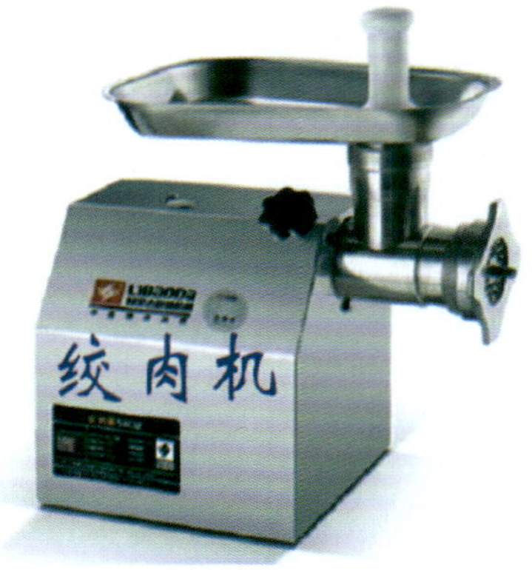

图 3-3　绞肉机

3. 切片机安全使用注意事项

（1）注意操作切片机（如图 3-4 所示）姿势，不要靠在操作开关或载肉台上。

（2）装肉时，切记令圆刀停转。

（3）清扫或调整时，切记切断电源。

（4）清扫时，要将厚度调节板完全退回，即将厚度调节板的上面调到略高于圆刀刀刃。

（5）清扫圆刀罩一类零件时，要特别注意安全。

（6）机器运转时，绝对不要摸碰圆刀及运动着的零件。

（7）发生异常时，应立即切断电源，使机器停转。

（8）即使是暂时停止使用机器，也要养成切断电源的习惯。

（9）停电时，必须将电源开关和离合手把分别搬至“停止”和“离”的位置。

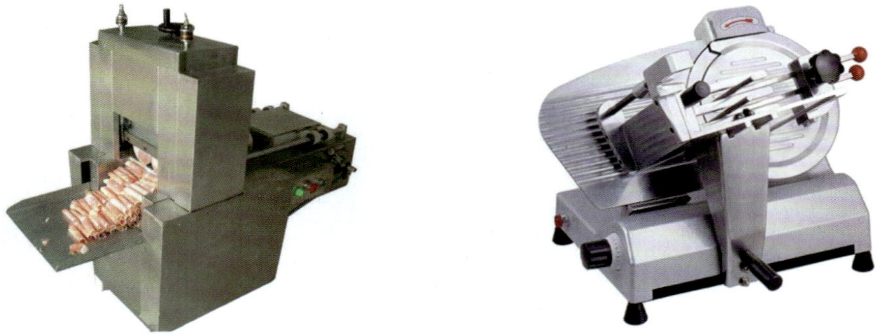

（a）　　　　（b）

图3-4　切片机

4. 船用平扒炉安全使用注意事项

（1）船用平扒炉（如图3-5所示）主要以电热为主，操作时均应先在炉板上倒入少许食用油，再接通电源或点火，使用过程中，注意温度控制。

（2）如在使用过程中，出现异常现象，必须立即停止使用，经检查排除故障，方可继续使用。

（3）每次工作完毕，可用不含腐蚀的清洁剂清洁炉体表面，清洁时应先切断电源，以防意外事故发生。

（4）长时间不使用，应将炉体包装好存放。

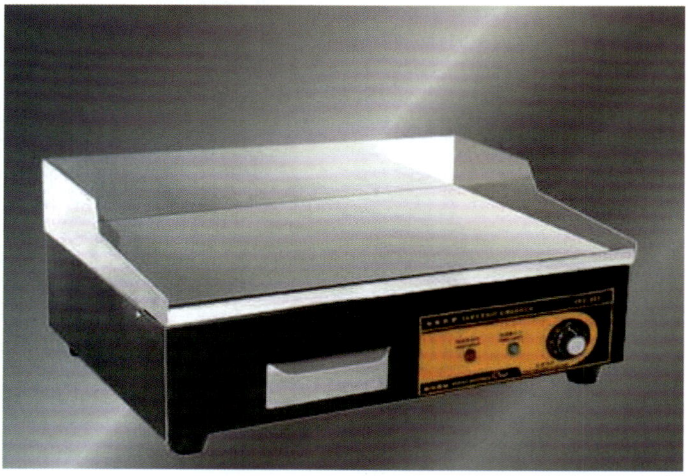

图3-5　平扒炉

5. 和面机(如图3–6所示)安全使用注意事项

（1）操作人员要穿好劳动保护用品，扎紧袖口、衣角，要干净利落不准有绳头出现，头发须盘入工作帽内。

（2）各工班都必须指定熟悉设备性能的专人使用。

（3）开车前检查电器各部分是否绝缘良好，电机接地是否可靠。严禁用湿手按开关按钮，有问题请电工处理。

（4）按机器负荷规定一次性放入干面粉，不得超负荷运传。

（5）按照机器维护要求定期加油。

（6）在和面时，应盖好箱盖。切勿将手或其他硬物伸入面斗内，以免发生危险事故。

（7）取面时必须断电，待停止搅拌后将机壳歪倒后再取。案例：2001年，在长江一豪华旅游船上一名厨房员工在未断电的情况下去取面，因袖口未扎紧，被和面机绞杆钩住袖口后，手被卷入和面机内，最后造成右手截肢。

（8）运转时不得触动转动部件，发现异声、松动、杂物、振动等不正常时，应停车检查、维修。

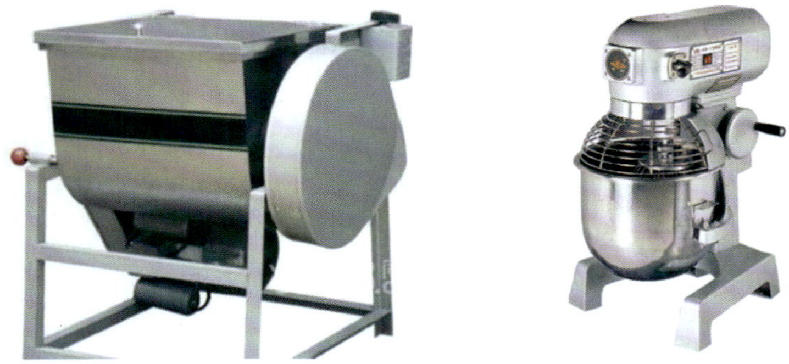

（a）　　（b）

图3-6　和面机

6. 船用升降机安全使用注意事项

（1）严格按照升降机的操作程序进行操作，运行前，必须确认上、下方升降机的安全门已关闭，按下警铃后，方可运行。

（2）需使用电话进行升降机的上、下联系，不得头伸入升降机运行通道内相互喊话。

（3）盛装食品的容器不能装得太满，防止在搬运时发生烫伤。

（4）不得超重运送食品。

（5）定期对升降机的钢缆、布线器和限位器进行维护保养。

四、客区、娱乐区安全检查方法、要领及检查内容

（一）客区安全检查方法、要领及检查内容

为确保船舶的正常运行，确保旅客的人身和财产安全，需定期对客区进行安全巡逻检查。船上客区安全检查工作主要由酒店部（或客运部）来完成，对客区进行安全检查应选择合适的时间，（对客房的巡查）尽量避开旅客正常的休息时间，检查过程中，必须遵守有关规定，充分尊重旅客的民族习惯和个人隐私。

1. 安全巡查职责

（1）船舶运行期间，酒店经理（或客运经理）全面负责本船客区的消防和安保巡查工

作。酒店（客运）部各区域分管部门经理或主管具体安排，值班服务员严格执行。

（2）配有保安的船舶，保安负责全船消防、安保的巡查和全船人员物资的安保检查工作。

（3）停航待令或修船期间，船舶酒店（客运）部值班负责人全面负责客区的安全巡查工作和现场安全管理。值班服务员和保安具体执行。

2. 巡查区域划分

（1）船舶酒店（客运）部巡查区域包括：客房、客区各楼层通道、配电间、布草间、餐厅、酒吧、电影院、儿童乐园、棋牌室、桑拿室、游泳池、阳光甲板、洗衣房等区域，以及酒店部当日修理场所（有修理时），并至少在每层楼前后各1处设置固定安全巡查记录簿。

（2）厨师长要安排厨务部人员巡查厨房电气设备、电热器具、油炉灶、排烟道、船员餐厅等，并至少在厨房和船员餐厅各设置1本固定安全巡查记录簿。

（3）船舶保安按其职责负责对客区、船员生活区进行单独的安全巡查。

3. 巡查内容

客区火灾隐患，消防设备、客运设施完好情况，可疑人员、可疑物品情况。对无人留守或空置的房间重点是要关闭照明灯、电视机、抽风机、空调等电源，拔掉电器插头，关闭冷热水阀；检查卧具、烟灰缸、垃圾桶有无夹带未灭烟头、火种。

4. 巡查方法及频次

（1）巡查方法：一看：看各设施、设备是否完好，是否存在消防安全或人身安全隐患，客人是否有异常行为。二闻：闻周围环境是否有异味。三听：听四周是否有异常响声。四记录：将巡查情况、巡查时间及巡查人姓名记入安全巡查记录簿中。发现任何安全隐患应立即处理并报告部门负责人或船长。

（2）巡查频次

公共区域一般每隔2小时巡查一次；客房每天不少于2次。当有动火修理场所时，动火作业结束后，对该场所的连续监控不得少于2小时。

（二）娱乐区安全检查方法、要领及检查内容

1. 职责

酒店经理（客运经理）全面负责本船娱乐区的安全检查。酒店（客运）部各区域分管部门经理或主管具体负责，担负日常维护保养的服务人员落实执行。

2. 区域划分

一般大型豪华游船的划分是：健身房、儿童乐园、游泳池、保健按摩房由客房部负责；多功能厅、棋牌室、KTV包房、电影院等由酒吧负责。其他船型由各船公司根据区域及设施设备配置和船员的配备、职责划分情况进行具体规定。

3. 检查方法及内容

（1）每天进行清洁维护保养时，同时对该区域设施设备进行安全检查。检查外观有无损坏、有无安全隐患、是否处于良好的使用状态。

（2）每天营业结束后或关闭各区域前，各场所管理人员要清除、处理烟灰缸、地上烟头，检查垃圾桶，防止存在火种，断开一切应关闭的电器电源，发现隐患应立即处理。处理不了的，要立即上报。

（3）游泳池注意事项。开放时要有工作人员在场监控；遇上雷、雨天气或其他不适合游泳及不利于游泳者安全的特殊情况游泳池应停止开放。露天游泳池关闭后要采取用安全网覆盖等措施，防止有儿童私自进入游玩。

（4）对健身房的检查应注意：未经允许，禁止将健身器材拿（推）到室外或任意挪动，以免损坏或丢失器材；健身房内禁止吸烟，严禁酒后进入健身房进行锻炼；十二岁以下儿童进入健身房，必须有成人陪同；老年人群、膝盖有损伤的人群、心脏病和高血压人群、膝关节和腰椎病痛的人群不适合使用器械锻炼。

五、旅客安全上、下船的要求程序、须知

旅客上、下船管理是旅客安全管理的一个重要环节，港口码头和船方需为旅客上、下船提供安全可靠的设施设备，方便旅客上、下船，并进行实名制登记、查验和对行李进行安全检查。加强旅客上、下船的安全管理，确保旅客上、下船的安全、有序。

旅客从上船、乘船到下船，安全应放在第一位。其中旅客秩序的管理则成为旅客安全管理的重要方面。旅客上、下船安全的一般要求：

（1）旅客上、下船不能与货物、船舶物料、供应品等装卸作业交叉进行。

（2）承运人应负责旅客自登上客船（或舷梯）至离船（或舷梯）期间的安全。

（3）客船应配合码头做好客梯、安全网的搭拴工作。由于客梯、安全网（在客船一边）搭拴不牢造成旅客伤亡的，由客船负责。

（4）客船停靠码头（趸船），在未拴好安全网和搭好扶梯跳板之前，要有专人维护码头（趸船）秩序，防止船员、工人、旅客抢上抢下，不准翻越栏杆和在船边传递物品，防止发生旅客和物品落水事故。当客船鸣笛解缆准备起航时，应停止检票，防止旅客奔跑抢登船，维持趸船上的送客秩序，直到客船离开码头为止。

（5）旅客上、下船安全程序

①在上、下客时，不得进行船舶其他作业。以确保旅客人身及行李、物品安全。

②客船应与港口、码头加强联系，组织安全上、下客，并正确掌握旅客定额，严禁超定额。

③在上、下客过程中，应事先对船内道口、交叉口指派专人照料指挥，防止堵塞。

④在上、下客前明确指派专人维持秩序，检查舱门、梯、安全网等各项准备情况，并具体负责梯口安全。

⑤应维持旅客在规定的乘客区域，禁止旅客站在不安全场所。

⑥在正常情况下，未到开航时间，客船有责任阻止提前撤梯和开航，严防旅客跨越登船。

⑦下客前，应事先了解船舶缆绳是否系好，安全网、跳板是否连接牢固，严防旅客跨越船舷下船。

⑧全体服务人员都应集中精力，切实照料旅客上下船的安全，加强广播与口头宣传上、下客的注意事项，指引旅客出入，积极做好扶老爱幼工作。

⑨如有客梯存在时，旅客应直接从客梯上、下。

⑩对于内河车渡轮，上船应该先装车后上客，下船应先下客后卸车。

⑪除定点停泊站外，中途不准上、下旅客。

（6）重病或精神病患者的旅客应有人护送。

（7）在旅客上、下船的过程中应防止旅客落水、跌伤和个人物品被盗窃。

（8）大型旅游客船在旅客上、下船时，应组织服务员做好迎送的工作。中途景点下、上旅客，还要做好下、上人数的统计工作，防止旅客掉队漏船。

思考题

1. 客船应为旅客提供哪些乘船条件？
2. 简述驾驶部安全管理职责。
3. 简述轮机部安全管理职责。
4. 简述客运部安全管理职责。
5. 简述餐务部安全管理职责。
6. 客船在旅客乘船期间应做好哪些宣传工作？
7. 加强旅客乘船期间的安全宣传有何意义？
8. 如何指导旅客穿着救生衣？
9. 服务部（酒店部）安全注意事项。
10. 船用电烤箱安全使用注意事项。
11. 绞肉机安全使用注意事项。
12. 切片机安全使用注意事项。
13. 船用平扒炉安全使用注意事项。
14. 和面机安全使用注意事项。
15. 船用升降机安全使用注意事项。
16. 客房部在船舶航行、停泊期间如何进行客区安全检查？
17. 康乐部在船舶航行期间的安全查舱有何规定？
18. 船方作为承运人承担旅客安全责任的时间范围是如何界定的？
19. 如何确保旅客上、下船的安全？

第二节 船上乘客的管理要点

要点

针对老、弱、病、残等弱势群体和需要特别帮助的旅客群体需要对其特殊关照，这些特殊关照包括提供上下船方便、食宿方便、医疗服务等内容，主要职责部门是客船的客运部（酒店部）、餐务部。在船舶发生紧急情况后，船长和全体船员应保持镇静，根据已建立的应急程序做出有效、及时的反应和正确判断，领导并指挥船员快速行动，激励、安慰旅客和其他人员，以减轻他们的精神、心理压力，从而较好地控制旅客秩序，及时进行旅客疏散，确保旅客和船舶安全。

必备知识

一、对老、弱、病、残、孕等需要帮助的旅客和其他重点旅客的服务、管理须知及法规规定

对无能力和需要特别帮助人员的关照，应做到如下几点：

（1）对老、弱、病、残旅客上下船应该给予特殊关照，帮助其解决上下船不便的困难，应安排专人护送保证安全上下船。

（2）对晕船的旅客提供晕船药，对长时间晕船的旅客还应给予必要的引导，鼓励其多饮水和到就餐时间一定要就餐，无论多少。

（3）对需要医疗服务的旅客，除向其提供船上医生服务外，还可通过船上的广播从旅客中找适合的医生。

（4）客船内发现无人护送的精神病患者，管理人员应指派专人看护，如有民警在船应给予协助，如需移交站点或换船站处理，不要交予中途站；有人护送时，应协助护送人员防止发生意外。

（5）如船上是采用签号安置旅客，可根据每一位旅客的具体情况，合理妥善地安置舱位，给老、弱、病、残及妇女、带小孩的旅客以重点照顾，尽可能安排在下铺。

（6）对于旅客中的案犯、遣送对象以及精神病患者，可以安置在有利安全的客舱。

（7）对少数民族的餐食供应，要尊重他们的宗教信仰，根据他们的风俗习惯、口味特点，单独另烧。

二、紧急情况下旅客的心理安抚和疏散技巧及注意事项

当旅客突然了解到自己已处于相当危险的环境时，他并不情愿接受这一残酷的现实，瞬间的打击可能使部分旅客的大脑出现空白，失去思维能力，处于痴呆状态。让旅客接受这一现实，通常是需要一段过程的。一般来讲，旅客了解船舶处于紧急状况的途径有两种：一种是通过旅客与旅客之间的语言交流及自己的猜测；另一种是通过船员了解。强烈的刺激可能使一部分旅客的思维失去控制或丧失理性。工作目的是尽量减少旅客的恐慌程度，旅客在通过船员了解的过程中，恐慌程度要远小于通过旅客与旅客之间的了解。

（一）紧急情况下旅客的心理安抚

1. 激励旅客和其他人员

在紧急情况下，激励、鼓励旅客和其他人员并激发他们的潜力，领导、指挥和组织他们去应急。应做到：

（1）激发他们的利益感。

（2）给予应急救助人员以援助。

（3）充满热情和干劲。

（4）用表现出来的能力和精神感染他们。

（5）自始至终向他们传递真实的事态发展。

（6）让他们明了船上正在实施对事态做出有效反应的措施。

（7）始终保持积极自信的状态。

2. 紧急情况下旅客的心理安抚

紧急情况下减轻旅客的心理压力，避免处在非正常状态下的旅客按自己的意志做想做的事，是维持好撤离秩序的关键。通过以下几点安抚旅客心理和减轻旅客的心理压力：

（1）广播、口头安慰。广播通知或口头传达时，避免使用过激的恐吓语言，镇定地告诉旅客，只要按照工作人员的指示去做，一定会平安无事。促进旅客与旅客之间的互相帮助、互通信息。相信船上的救生能力、坚定获救信心。

（2）首先船员要镇定，行动不能慌慌张张，语言要吐字清晰，避免语无伦次。总之，无论是行动还是语言都要求：稳、准、快。

（3）禁止旅客大声喧哗、吵闹、议论，要保持肃静，便于船员指导分配工作，尽量减少恐慌氛围和悲观失望的感觉。

（4）协助照顾好老、弱、病、残旅客，不能让他们留在最后走；否则他们可能厉声尖叫、哭闹，仿佛已处于绝望之中，易引起其他旅客恐慌。

（5）客运人员都应根据自己所负责的客舱范围，向旅客发出安定人心的命令，如："旅客要安静""请旅客按照我们的指示行事""旅客们不要慌张""我船的救生设施很齐全"等。

（6）帮助他们。在紧急状况发生时，一部分旅客的领会能力会有不同程度的减弱，不能按照正常情况时那样做出反应。这时需要船员的及时帮助，减轻他们的心理负担，尽快恢复心理正常反应。

（二）制止旅客的"非规范行为"

当船舶发生紧急状况尤其是在弃船时，时间及空间是相当有限的。对旅客的行为要求就要区别于平时的一般情况。应制止旅客的"非规范行为"。

（1）拒绝找亲属。在一定的范围内，如范围极小，不涉及"隔层、隔段"寻找尚可；否则不允许寻找。因为他们处于同样的状态之中，大范围的寻找亲属容易导致秩序混乱，其目的也不一定能达到。应该让他们明白有秩序的撤离，亲人就会在集合地点会合。

（2）禁止携带随身物品（大重件）。除钱币、有价证券、重要文件、贵重物品，其余物品不准携带。过大、过重的物品搬运不便，容易阻塞通道，救生艇或救生筏的空间也是很有限的。

（3）不准独自行动。对于有乱跑、乱动，独自盲目逃生的旅客要坚决制止。他们的行动会带来不安定因素。其目的也不一定会达到。

（4）对于不听指挥、严重破坏撤离秩序的个别旅客，必要时可采取强制措施。

（三）紧急情况下的旅客疏散

1. 职责分工

（1）船舶发生事故/紧急情况，全体船员在船长指挥下，全力保护旅客安全。

（2）船长是旅客疏散的总指挥，负责下达旅客疏散命令，组织实施疏散行动。

（3）酒店经理（或客运经理）为旅客疏散的现场负责人，实施船长发布的旅客疏散命令。

（4）客房主管按酒店经理（或客运经理）指令组织服务员负责维持好旅客秩序，实施旅客疏散。

（5）在疏散旅客的过程中，坚持“救人第一”的原则，要采取多条线路进行疏散，防止旅客拥堵安全通道造成踩踏、摔伤等事故。

（6）其他船员按应变部署预案中的“救生”职责履行应急职责。

2. 疏散措施

（1）船长根据船舶遇险情况（如船舶有倾覆、翻沉危险；船舶火灾不能控制等情况必须对旅客进行疏散转移时）发出疏散旅客的命令，同时指定专人报告船公司和当地主管机关，并保持联系。

（2）各级船员听到遇险信号后，应按“船员应变卡”中规定的应变职责，迅速到达各自的指定岗位，听从船长及现场指挥的命令。

（3）酒店经理（或客运经理）是疏散现场负责人，具体负责落实和实施船长发出的疏散指令，落实转移路线和安全防范措施。指定专人值守广播室，准确及时传达各项命令和通知；迅速布置导游、翻译向涉外旅客解说等事宜。

广播内容：告知事由和应对办法、转移路线、安全提示，安抚旅客以求得配合。

（4）转移路线现场须安排协调能力较强的人员参与，并会同乘警（有乘警时）、保安配合维护秩序，疏散旅客。

（5）值班服务员接到疏散指令后应迅速打开所有通道出口，将旅客转移到指定的安全处所。

（6）发生事故/紧急情况时疏散旅客原则：根据事故的性质，按轻重缓急的原则，先疏散面临危险程度较大的旅客，其中老、弱、病、残、孕等是重点照顾对象，并落实专人负责。

3. 注意事项

（1）旅客疏散完毕后，客房值班主管必须立即组织人员对各客舱进行再次清理，防止客舱内还有滞留的旅客。

（2）客房主管（或船医）应携带急救包到旅客集结地点，对受伤的旅客进行救治。

（3）酒店经理（或客运经理）组织人员清点统计旅客人数向船长报告；船长应及时向船公司报告详细情况。

（4）安抚旅客，稳定旅客情绪。

三、协助旅客到达集合点和下船地点的管理须知、措施

当船舶发生碰撞、触礁、火灾、爆炸、台风袭击、船体漏水等严重危险情况时，在自救无效、外援又不可能的情况下，船长应宣布弃船。弃船命令发出后，所有船员均应严格按照“弃船应急应变部署”等相关规定，积极投入到应急救援的各项工作中，确保旅客快速、安全、有序地撤离遇险船舶。

(一)清楚发出安定人心的命令

在紧急情况发生后，旅客与船员均应按照应变部署行动，所以清楚发出安定人心的命

令显得格外重要。要求：语调平稳，速度适当，吐字清晰，内容及语言简练，并有安慰指示性语句，防止旅客惊慌而发生混乱。安定人心为首要任务。

（1）应急声明应以安定人心为主，因为紧急情况比较明显，旅客很快就会知道。为了便于管理，安定人心减轻旅客的心理压力成为首要任务。

（2）客运（或服务）人员都应根据自己所负责的客舱范围，向旅客发出安定人心的命令，如："旅客要安静""请旅客按照我们的指示行事""旅客们不要慌张""我船的救生设施很齐全"等。

（3）广播应急须知和应急声明。

（二）控制和管理走廊、楼梯和通道处的旅客

控制走廊、楼梯和通道处旅客，应遵循分层分舱离船法。如提供张贴客船的应急撤离图，图中标示每一部位的旅客的应急撤离路线，可通过播放录像或VCD等使旅客知晓。要求：

（1）标示的逃生路线要能让旅客清楚识别，并能按标示的路线撤离。

（2）保持旅客人流向一个方向移动，确保人流不滞留、不拥堵。

（3）如旅客提出的问题不便回答，则可简单回复"到达集合地点会有信息相告" 。

（4）关闭旅客逃生路径上除紧急出口外的所有舷门/门。

（5）携带应急照明器材。

（6）遇家庭成员失散，要让他们保持镇静，并把消息发送至另外的其他家属成员，安抚他们，使之相信船员会尽一切努力使他们家人团聚。

（7）对儿童行动进行直接控制管理。

（三）保持逃生路径上无障碍，协助旅客快速到达集合地点

船上无论是旅客舱室附近还是船员居住舱室附近，任何时候都应保持逃生路径上畅通无阻，禁止堆放杂物，照明设备应处于可用状态。控制走廊、楼梯和通道处旅客，遵循分层分舱离船法。

为撤离旅客选择合适地点，应遵守如下要求：

（1）船员领路，为撤离旅客选择地点。当旅客撤离时，必须有船员在前面引路，船员不能自己独自跑向安全地点，应照顾好后面跟随的旅客。

（2）前后救生通道要分清，特别是大型内河客船和旅游船。

（3）选择最近的逃生通道，船员一般要根据自己主管舱室所在的位置选择最近的逃生通道引导旅客，注意船舶稳性。小型客船及渡船注意控制人群，避免过于集中一舷或船头及船尾，以免船舶过度倾斜而倾覆。

（4）使用旅客名单清点撤离人数，当旅客撤离到集合地点和安全地带后，应及时准确地清点旅客人数。

（5）弃船时禁止旅客携带大、重件包裹，必要时不准携带任何物品，确保逃生路径的畅通及逃生的最后成功。

（6）保证老、弱、病、残旅客有人护送或帮助，避免因旅客行走不便堵塞通道。

（四）撤离旅客中的病残人员和需要特别协助的人员

对无能力和需要帮助的老、弱、病、残旅客上下船应该给予特殊关照，帮助其解决上、下船不便的困难，并安排专人护送安全上、下船。

在紧急情况下，安全转移旅客中的残疾人员是一项重要而困难的工作。因此在安全转移的过程中一定要注意以下几个问题：

（1）快速统计。客运（或服务）人员要迅速查清本客舱残疾人员及需要特别协助人员的数量，做好统计，统一安排。

（2）有亲人护送情况下，应让残疾人的亲人护送到集合地点登艇撤离遇险船。

（3）无亲人护送情况下，首先应动员周围旅客协助脱险。如还有困难，客运（或服务）人员应和其他船员协助其脱险。

（4）使用担架。船上都备有应急担架，如需要，客运（或服务）人员应使用担架抬走该旅客，在担架有限的情况下，应在所在舱室附近制作简易担架。

（五）旅客搜寻

当旅客撤离居住舱室到达艇甲板及安全地带后，船员应当对居住舱室、浴室、卫生间等地方进行搜寻，确保所有人员均已撤离。

1. 进行旅客搜寻的原因

（1）个别旅客因为某种原因，如突发病，无力独自行动，不知发生什么情况等，仍然滞留在客房内。

（2）在行动中走散、迷失方向，无法跟随其他旅客到达集合地点。

（3）旅客可能会在他们认为能逃脱危险的居住舱或到其他场所寻求安全地点。

2. 旅客搜寻的方法及注意事项

（1）行动必须强调一个“快”字，因为此时时间显得尤为宝贵。

（2）根据旅客上船时掌握的空铺、空舱情况，首先搜索有旅客的舱室。

（3）采取呼喊的方法，询问舱内有无旅客。

（4）时间允许，应该采取逐舱、逐铺搜索的方法。

（5）须对船上所有舱室、公共场所和其他地方进行搜索，以确保所有人员均已到达集合地点。

（6）遵循船舶应急程序、计划，确认对所有处所都进行了搜索，不致重复搜索而浪费时间。

四、旅客到达集合地点后的人群管理须知

当船上所有人员到达集合地点后，应加强对旅客秩序的管理，为后续的旅客离船、撤离工作做好准备。

（1）让旅客知道把船上的旅客引导到最近的集合地点，团体及家属成员就能重新聚合。

（2）将船上的旅客引导到最近的集合地点，如果一个集合地点人群拥挤时，应把部分旅客分散到另一个集合地点。

（3）集聚人群时，必须使家庭成员放心，尽力安置好其家庭的其他成员。

（4）各集合地点之间须有公众广播系统、电话或手提对讲机等通信联络设施，可派人去某一集合地点寻找失散人员，陪送他们与其家庭成员会合。

（5）旅客聚集完毕，须允许他们即刻离船。

(6) 始终向旅客说明使他们放心，船公司会妥善解决有关的善后问题。

(7) 加强搜索以确保所有人员均已到达集合地点。

(8) 到达集合地点后保持镇静并按所在集合地点的船员指示去做，正确穿好救生衣。如果需要，船员会帮助旅客穿上。儿童应穿儿童救生衣。

扩展知识

内河客船弃船命令发布后船上人员的离船顺序应遵循以下三条基本原则："先旅客后船员，先普通船员后高级船员，船长最后离船。"轮机部值班人员应在驾驶台通知完车后才能离开，驾驶部值班人员应在船长同意后方能离开，所有船员必须在旅客完全离开后才能离开。

思考题

1. 船员在紧急情况下如何进行旅客的心理安抚？
2. 当船舶处于紧急情况时，旅客哪些行为对疏散是不利的？
3. 简述船舶在紧急情况下旅客疏散的职责分工。
4. 简述紧急情况下旅客疏散的措施及注意事项。
5. 弃船命令发布后，如何保持逃生路径上的畅通？
6. 简述搜索旅客居住舱室的方法。
7. 如何加强到达集合地点后的人群管理？
8. 对无能力和需要帮助的老、弱、病、残旅客进行安全转移应注意哪几个问题？

第四章

集合程序

要点

应急情况下，旅客集合程序对拥挤人群管理是非常重要的。正确实施旅客集合程序应从维持旅客秩序、使用防止和减少旅客恐慌的程序、使用旅客名单清点撤离人数、确保旅客适当着装和正确穿好救生衣等几个方面来进行。

必备知识

一、维护旅客秩序的重要性

应急情况发生后，良好的旅客秩序是旅客顺利、安全、快速撤离的先决条件。良好的旅客秩序能使船上工作人员正常、清楚地发出安定人心的命令；较好地控制走廊、楼梯和通道处的旅客，保持逃生路径的畅通，协助旅客快速到达集合地点；正确实施救援行动等。而混乱的秩序、声音嘈杂喧闹则会令工作人员的指示性语言无法正常传达，加剧旅客的恐惧心理，使旅客相互拥挤，堵塞通道，自相践踏，撤离队伍行动无法进行，甚至可能会发生混乱，终止救援行动，从而导致灾难性的后果。所以，旅客秩序管理是非常重要的。

二、防止和减少旅客恐慌的程序须知

管理好拥挤人群的秩序首先必须要减少和防止旅客恐惧心理的产生，使用正确的程序以实现拥挤人群的安全管理：

（1）在广播宣传时，语言要随和、镇定。

（2）船员行动上要镇定，避免惊慌的行动。

（3）维护好旅客秩序，提供和平时一样的优质服务。

（4）给需要帮助的人员提供帮助。

按上述程序展开行动后，能很大程度上减轻旅客的心理压力，减少和防止旅客恐慌，为拥挤人群的安全管理打下良好基础，以利于进一步提高救助能力。

三、确保旅客适当着装和正确穿好救生衣的须知

（1）当弃船命令发出后，旅客通过广播、船员口头传达或其他途径了解到船舶处于紧急状态时，第一件应做的事便是适当着装和正确穿好救生衣。

（2）船员要使旅客按照图示或亲自讲解救生衣穿着法，确保旅客正确穿好救生衣，而不允许旅客到其他舱室、场所去找亲人或背包裹等行动。

（3）对于不服从指挥的旅客要耐心劝说，必要时采取强制手段。需要特殊照顾的旅客要协助穿好救生衣。

四、旅客集合后人数清点的程序、须知

当旅客撤至集合地点和安全地带后，应及时根据准确的旅客上船人数（旅客名单）进行快速清点旅客人数：

（1）清点每一艘救生艇（筏）上的乘员。

（2）指导旅客单行纵队登艇。

（3）向驾驶台报告已上艇的旅客人数。

（4）旅客可能没有到达指定的集合地点，应彻底对居住舱区域进行搜索，确保清点旅客人数的准确。

思考题

1. 简述维持旅客秩序的重要性。
2. 简述旅客集合程序。

第五章

旅客通信交流

要点

要实现安全管理人群及紧急情况下安全疏散旅客，紧急情况下与旅客的信息沟通是非常重要的。本章内容主要包括信息沟通的途径、船员必备的素质、沟通的语言要求、与旅客信息交流的方式、紧急情况下如何向旅客提供信息、应急安全指示标志、紧急情况下引导旅客的须知、帮助旅客理解紧急情况下应急声明广播用语等。

必备知识

一、信息沟通的途径

要实现安全管理人群及紧急情况下安全疏散旅客，紧急情况下与旅客的信息沟通是非常重要的，信息沟通一般有三种途径：

（1）语言沟通，如通过广播向旅客广播应急声明。

（2）通过文字、图像式交流。

（3）非语言方式沟通，如表情、手势、语气、眼神等。

二、船员必备的素质

船员首先自己要沉着冷静，要熟悉应急反应程序，不能慌张应付旅客在紧急情况下做出的不正常反应，要保证传达信息的成功和达到预期的效果。个别船员因为心理素质差，自己已不能按照正常的程序去工作，当然无法与旅客沟通信息，这种情况很容易引起旅客秩序的混乱。

三、沟通的语言要求

语言相通是迅速准确沟通信息的前提，语言是通信与交流的重要工具，尤其在紧急情况下语言相通则是旅客沟通信息的有效途径。目前我国国内的客运航线及内河的旅游客船，运载的主要是中国籍旅客，使用的语言是汉语，要求船员尤其是客运员能说普通话。另外，还可能运载少部分外国籍旅客，要求船员熟悉简单的英语词汇或英语对话，使用适合于所载旅客国籍的语言，重点是紧急情况下的旅客疏散的提示语言。有些渡口的地方渡船和固定航线上的客船，要求船员既能讲普通话，又能说当地语言。如航行在珠江三角洲至中国香港的客船，要求船员既能讲普通话又能说广东话，当然还须掌握英语。

四、与旅客信息交流的方式

(一)演示手势

如果遇到个别旅客的确听不懂船员的语言，如个别外国人、少数民族、聋哑人等，以及条件不允许用语言沟通（如附近有机器声）、时间来不及等都应该向旅客演示手势。常用的手势如图5-1（a）～（e）所示。

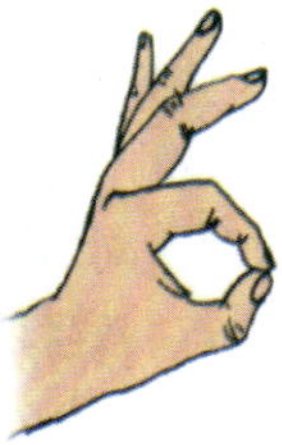

（a）OK，好的

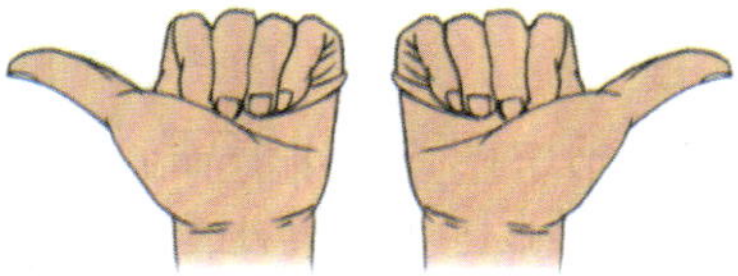

（b）这个方向走

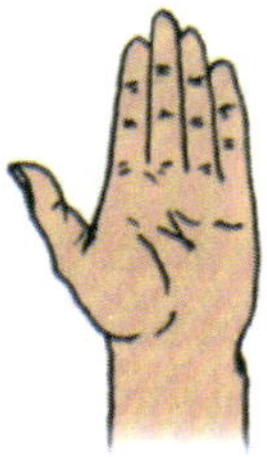

（c）停，暂停

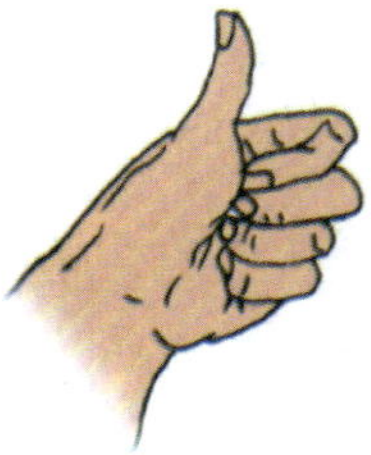

（d）往上

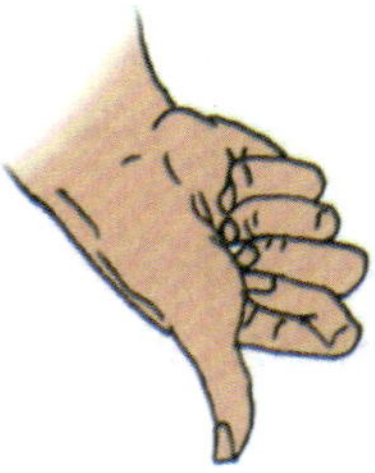

（e）往下

图5-1　常用的手势

(二)标志

（1）应能明显辨认出集合地点，显著地标出通往集合地点的线路。

（2）标志的色彩应与墙板的色彩有明显的差别。

（3）本指南应放在显著并持续照明而无其他标志的地方。

（4）每个集合地点应由“集合地点”符号标明，不同集合地点应该用字母或数字加以区别。如登乘地点即为集合地点，则无须区别集合地点和登乘地点。如集合地点不是登乘地点，还应把二者加以区别。

（5）在旅客所有处所，都应有集合地点的方向指示标志。

（6）通向集合地点的路径任何时候都应畅通无阻。

（7）应该标出集合地点前往登乘地点的指示标志。

（8）紧急情况下可用来逃生的门窗、舷窗应有明显的有关“应急出口”的标志。

旅客所处的每层甲板应有编号来识别，另外也可用名称识别。有关标志应标在所有的楼梯和公共房间并能被明显看到。

(三)无法用语言沟通时使用其他可能的通信联系方法

在无法用语言沟通时，为了让旅客到达指定地点、集合地点、救生设备或撤离路线等处所，可用打手势、招呼等方法来取得联系。可用下列方法：

（1）站立在显而易见的地点，如平台、椅子或桌子上。

（2）显示发光的紧急指示牌，或用双臂平展示意，若可能，用手持灯或手电筒示意。向旅客演示如何穿着救生衣。

（3）用图指示位置。用图指示救生衣存放的位置、救生衣穿着法等；旅客现在应处在的位置、地点及应处的状态；如图3-1救生衣穿着法和如图5-2某船舶推荐的应急逃生指引图，对着图向旅客指示位置。

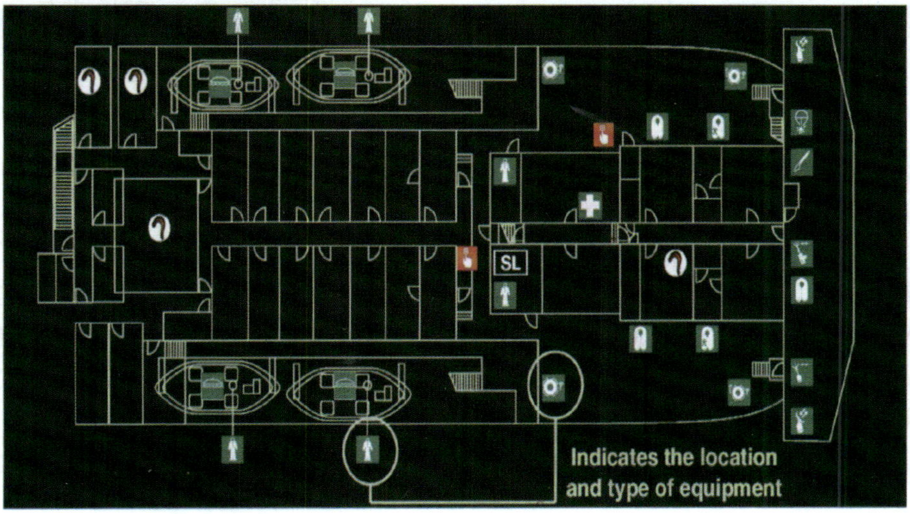

图5-2　某船舶推荐的应急逃生指引图

（4）用图指示应急逃生指引：如图5-2所示为某船舶推荐的应急逃生指引图。对着图向旅客指示疏散路线，告知旅客的路线，以及应该经过的逃生路线的位置，集合地点、救生艇、救生筏的位置。

（5）用表及文字指示：应变部署船上做出的反应及要求旅客应该做什么；应变部署总体计划概况；船上的救生设备大致情况等。

五、紧急情况下如何向旅客提供信息

（1）使用适合旅客和船上人员的主要国际化语言（汉语普通话、当地语言、英语）。

（2）找出能使用一种以上语言进行通信交流的船员，把他们安排在重要的集合地点。

（3）船员要使用与紧急状态信息有关的基本常用的语言。

（4）从旅客中挑选能讲外语及当地语言的人。

六、应急安全指示标志

（一）消防安全标志

如图5-3所示为船舶消防标志。

（a）灭火设备或报警装置方向（1）

（b）灭火设备或报警装置方向（2）

（c）灭火设备

（d）灭火器

（e）消防水带

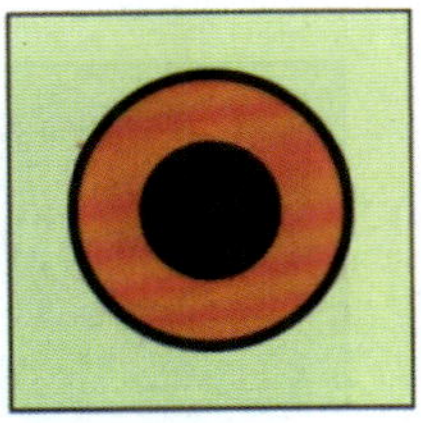

（f）消防手动启动器

（g）禁止阻塞

（h）禁止锁闭

（i）击碎面板

（j）禁止吸烟

（k）禁止烟火

图5-3　船舶消防标志

(二)应急逃生标志

如图5-4所示为应急逃生标志。

(a)应急出口(1)　(b)应急出口(2)　(c)向右滑动开门　(d)向左滑动开门

(e)推开　(f)拉开　(g)疏散通道方向(1)　(h)疏散通道方向(2)

图5-4　应急逃生标志

(三)船舶救生安全标志

如图5-5所示为船舶救生安全标志。

(a)扣紧座位安全带　(b)关紧舱口　(c)救助艇　(d)救生艇

(e)登乘梯　(f)撤离滑梯　(g)救生筏　(h)救生圈

(i)救生衣　(j)儿童救生衣

图5-5　船舶救生安全标志

七、紧急情况下引导旅客的须知

紧急情况下引导和帮助旅客的要求：

（1）挑选能使用两种语言或多种语言的人员进行现场或用船舶有线广播发布通告。

（2）在紧急情况时用书面卡片在驾驶台规范地发布专业信息通告。

（3）确保通告的发布使用不同的多种语言，且与船方主要使用的语言有区别或接近。

（4）确保船员，尤其是援助的船员，能完全明白所发布通告的含义。

（5）紧急情况下告示用语应通俗易懂，简单明了。

八、帮助旅客理解紧急情况下应急声明广播用语

（一）紧急告示的英汉对照用语

1. 常用单词、词组

（1）Passenger旅客

（2）Advice通知（名词）

（3）Advise通知（动词）

（4）Pay attention注意

（5）Life channel救生通道

（6）Lifeboat救生艇

（7）Lifejacket救生衣

（8）Lifebuoy救生圈

（9）On fire失火

（10）Collision碰撞

（11）Leak漏水

（12）Explosion爆炸

（13）Broadcast广播

（14）Companion ladder升降梯

2. 简单用语

（1）我船失火。

Our ship is on fire.

（2）油着火。

Oil is on fire.

（3）火势怎么样?

How is the fire now?

（4）火即将被扑灭。

We are flooding compartment to extinguish fire.

（5）不要惊慌。

Don't hurry and confusion.

（6）我船危险。

My ship is in danger.

（7）我船没有受到损坏。

We have not received any damage.

（8）我们现在必须离开这条船。

We must leave the ship now.

（9）请安静。

Be quiet.

（10）请跟我走。

Please follow me.

（11）不要进入……甲板／空间／区域。

Do not enter... deck / space / area.

（12）当进入时，不要相互推挤。

Do not push each other when entering.

（13）禁止吸烟。

No smoking.

（14）一旦应急情况发生，船舶气笛和警报系统发出七短声和一长声。

In case of emergency seven short blasts and one long blast will be given by the ship's whistle and the alarm system.

（15）当心，彻底熄灭香烟。

Be careful to extinguish cigarettes completely.

(二)紧急情况下引导和帮助旅客广播紧急告示的用语

（1）女士们、先生们，请你们仔细听下面的安全公告。

（2）请大家不要惊慌，镇定！镇定！按照指示做好如下几件事：

①穿好自己的衣服并按照工作人员的演示穿好救生衣。

②不要携带较大的包裹。

③发扬团结互助的精神，照顾好老人、小孩。

（3）旅客要安静。

（4）请旅客按照我们的指示行事。

（5）旅客们不要慌张，我船的救生设施很齐全。

（6）我船已抢滩，已没有下沉的危险。

（7）如有任何疑问，请向穿有“船员”字样衣服的船员或工作人员询问。

思考题

1. 针对我国不同的内河客船，在紧急情况下应如何使用语言向旅客传递有关信息？

2. 简述紧急情况下引导和帮助旅客广播紧急告示的用语及要求。

3. 什么情况下用手势或喊叫的方法指示集合地点、逃生路径？

第六章

应急管控

第一节 应急常识

要点

本节主要包括内河客船一般应变部署制度、应变部署表的编制、应变信号、应急出口和紧急指示、内河客船卫生防护指南。作为内河客船船员，只有掌握了这些知识，才能在船舶真正面临紧急状态时做到临危不乱，沉着应对，尽可能将事故损失降低到最低程度。

必备知识

一、应变部署的编制与应变分工

(一)内河客船一般应变部署制度

（1）内河客船的各种应变行动是在船长领导下，由大副负责执行。

（2）应变过程中全体船员须以顽强的精神、高度的组织性与纪律性执行规定的任务。坚决服从命令，不得妄自行动或放弃职守。

（3）应变部署由大副（或驾驶员）制定应变部署表，明确分工。

（4）每个船员必须明白自己的职务对应的应变职责。

（5）客船在旅客舱室及旅客常到处所，除必须张贴救生衣、救生浮具、救生圈使用方法图表外，还应设置指示旅客通往救生艇搭乘地点的经由路线图表及标志，并分别用文字说明。

（6）应变部署表经船长批准后，必须向全体船员公布，并在全船各公共场所张贴公布。

（7）船员调动或增减对部署表有影响时，由大副及时调整，以免造成有些应变任务无人担任，影响整个部署行动的进行。

（8）船舶遇难时，如情况严重而本船无能力迅速施救，应按规定发出求救信号。

（9）船舶必须按规定数量配置应变器材及设备，并按有关规定进行养护和定期检查使之随时处于良好状态。

（10）应变部署所规定的各项任务，如消防、进水抢险、人落水营救、救生等，应在船舶定期举行的演习中做出具体安排并进行训练，从而提高船员的应急行动能力，确保在船舶真正发生意外时做到临危不乱。

（11）客船在演习前应向旅客做一次普通宣传，如因演习前宣传不够而造成旅客遇到演习时发生惊慌失措甚至造成人命死伤事件者，船长、大副及客运部等负责人员应承担相应责任。

（二）应变部署表的编制

船舶所处的环境复杂多变，随时可能发生各种危及船舶和人命安全的紧急事件。为了避免严重后果，把损失减到最低程度，每一艘船舶都应根据人员状况、本船设备情况，编制应变部署表，明确规定每个人在紧急情况下应到达的岗位及执行的任务。定期进行各种训练和应变演习，使预定方案变成船员的本能，从而在发生紧急情况时能迅速协同抢救，正确熟练地使用各种应急设备，有效地控制局面。

1. 应急时人员的分工

紧急情况下，船上每一位船员都有明确的分工，具体任务有：

（1）船上水密门、防火门、阀、流水孔、船舷小窗、天窗、舷窗和其他类似开口的关闭。

（2）救生艇（筏）及其他救生设备的配备。

（3）救生艇（筏）的准备工作和降落。

（4）其他救生设备的一般准备。

（5）疏散和集合旅客。

（6）通信设备的准备。

（7）指定各防火区域的消防队人员。

（8）使用消防设备及装置方面的专门任务。

2. 船员应急职责分配的原则

在紧急情况下，船员具体职责的分配应遵循下述原则：

（1）关键岗位、关键行动派得力人员。

（2）根据本船情况，可以一职多人或一人多职。

（3）人员编排应最有利于应急任务的完成。

例如，发生火灾时二副为消防队队长，二副和水手长可根据不同性质的器材划分若干小组，如负责二氧化碳站和灭火系统小组、负责水灭火系统小组、负责手提式灭火器小组等；在灭火中若某类器材不适用，可将该组人员充实到其他各组执行任务。

发生船舶破漏进水时，现场指挥大副率领堵漏队和隔离队的队长，迅速查明破漏部位、损坏情况和进水量等，立即报告船长确定施救方案，指挥各队人员投入扑救；木匠测量水舱、压载舱、污水沟等的液位，二管轮测量油舱液位，大副率人测定破洞的位置、大小及进水情况；堵漏队在水手长和三管轮的领导下，直接担负堵漏和抢修任务，实施行之有效的堵漏措施。

应变部署表用主管机关规定的统一表格填写，其格式如表6-1 ~ 表6-4所示。

表6-1 消防应变部署表

消防应变部署		
编号	执行人	消防应变部署分工
1	船长	总指挥，向指挥中心报告，发警报信号
2	驾驶员	现场指挥
3	轮机员	关断电源，起动抽水泵并开阀及连接后，协助或负责船尾水手工作
4	水手（1）、机工	使用灭火器材(含水龙)
	水手（2）	使用砂箱、水桶、太平斧
5	服务员	负责维持秩序、安抚旅客、稳定旅客情绪、疏散乘客

表6-2 船舶进水应变部署表

船舶进水应变部署		
编号	执行人	堵漏应变部署分工
1	船长	总指挥，向指挥中心报告，发警报信号
2	驾驶员	现场指挥
3	轮机员	起动抽、排水系统
4	水手、机工	使用堵漏器材进行堵漏
5	服务员	负责维持秩序、安抚旅客、稳定旅客情绪、协助堵漏

表6-3 营救落水人员应变部署表

营救落水人员应变部署			
编号	执行人	营救落水人员应变部署分工	
		航行中分工	停泊中分工
1	船长	总指挥，向指挥中心报告，发警报信号	总指挥，向指挥中心报告，发警报信号
2	驾驶员	现场指挥	现场指挥
3	轮机员	协助施救	准备救生用具及负责照明
4	水手（1）	抛救生圈，瞭望	抛救生圈，瞭望
5	水手（2）、机工	放艇，施救	放艇，施救
6	服务员	负责维持秩序，备好保暖、急救设备	负责维持秩序，备好保暖、急救设备

表 6-4　弃船应变部署表

弃船应变部署		
编号	执行人	弃船分工
1	船长	总指挥，向指挥中心报告，发警报信号，携带航行日志及船舶有关证件及资料
2	驾驶员	现场指挥
3	轮机员	关闭有关设备、阀门，携带轮机日志
4	水手（1）	做好紧迫靠泊及抢滩时的船头工作，并协助在船前部疏散乘客
5	水手（2）	做好紧迫靠泊及抢滩时的船头工作，并协助在船后部疏散乘客
6	服务员、机工	维持秩序，安抚旅客，稳定旅客情绪，通知旅客穿好救生衣准备逃生

二、应变信号

各种应变信号由警报器、气笛或号笛、号钟在船舶驾驶台发出，全船所有起居处所及正常船员工作处所应能听到。

我国现行的应变信号：

（1）求生（弃船）“·······——”（七短一长声，连放一分钟）。

（2）失火乱钟或连放短声气笛一分钟：

①前部失火乱钟后敲一响或连放短声气笛后一长声；

②中部失火乱钟后敲二响或连放短声气笛后二长声；

③后部失火乱钟后敲三响或连放短声气笛后三长声；

④机舱失火乱钟后敲四响或连放短声气笛后四长声；

⑤上甲板失火乱钟后敲五响或连放短声气笛后五长声。

（3）进水“——·”（二长声一短声）。

（4）人员落水“———”（三长声）。

①人员左舷落水“———··”（三长声二短声）；

②人员右舷落水“———·”（三长声一短声）。

（5）解除警报“—”（一长声）。

三、应急出口和紧急指示

应急出口、逃生路线、应急通道直接关系到旅客顺利到达集合地点和登上救生艇筏，所以在应急中显得十分重要。

（一）集合地点

1. 对集合地点的要求

集合地点主要供弃船时使用，弃船集合地点的选择应：

（1）设在容易从起居处和工作场所到达的地方。

（2）靠近救生艇筏登乘地点。

（3）能容纳指定在该地点集合的所有人员。

（4）通往集合与登乘地点的通道、梯道和出口应有应急照明。

（5）从逃生通道到集合地点，应用集合地点符号及逃生通道方向指示符合引导和指明。

（6）应能将担架上的病人抬往撤离地点。

2. 集合地点标识

集合地点的引导和指示符号如图6-1～图6-6所示。

如图6-1所示为集合地点标志符号，其右边的英文字母表示集合地点编号。如图6-2所示为登乘站标志符号，其右边数字表示登乘站编号。如图6-3所示为方向指示符号，如图6-4所示为应急出口方向指示符号，如图6-5所示为出口标志符号，如图6-6所示为应急出口标志符号。

图6-1　集合地点标志符号

图6-2　登乘站标志符号

图6-3　方向指示符号

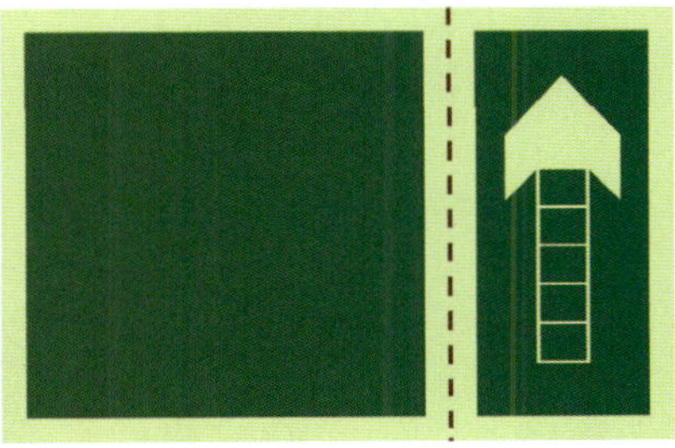

图6-4　应急出口方向指示符号

图6-5　出口标志符号

图6-6　应急出口标志符号

(二)逃生路线的要求

（1）逃生路线应事先确定，并在每一段路程的拐角处标以明显引导标识符号。

（2）在客房和客人经常活动的重要场所，应公布逃生路线示意图，使旅客都能了解到在各种紧急情况下的逃生路径。

(3) 确定逃生路线时，应当根据本船特点，考虑火灾，船体破损进水、严重横倾等可能的紧急情况。

(4) 为了保证人员安全和便于抢救船舶，逃生路线应为多条。

(5) 如果不同的紧急情况有不同的逃生路线，则应当用不同的颜色区别。同一紧急情况下的不同逃生路线应用同一种颜色标示。

(6) 船方应当使船员熟悉逃生路线，包括通过培训和考核的形式使船员熟悉重要场所乃至全船的逃生路线，有梯道的船员应当牢记梯道台阶数，以便在紧急情况时能迅速通过。

(7) 居住或工作在某场所的人员，应时常留意逃生路线是否畅通，一旦发现有妨碍撤离的故障或障碍物，应立即清除使其保持畅通。

(三)帮助旅客逃生的技巧

当内河客船面临危险时，如何帮助旅客逃生，作为在内河客船上工作的船员应掌握最基本的技能和方法，应在各种应变演习中进行相关训练。对于被困在高层船舱、甲板的旅客，当无法通过梯道逃生时，可利用舷梯、缆绳从舷外将旅客转移至安全地方，如果高度较低（4米以下），也可以帮助旅客穿妥救生衣后选择安全水域跳水逃生；在船靠岸后，应及时使用简易跳板转移旅客，如图6-7所示。

图6-7　利用简易跳板转移旅客

四、内河客船卫生防护指南

内河客船在面对疫情等公共卫生突发事件时，应做好以下几方面的卫生防护工作：

(1) 合理组织运力，通过售票控制乘客数量，尽可能安排乘客隔位、分散就座。

（2）在客运码头增加体温测量设备，对进出站乘客进行体温检测，具备条件的客运码头设置应急区域，高于37.3摄氏度的乘客应在应急区域进行暂时隔离，然后再按照其他相关规范要求进行处理。

（3）客运码头增加公用设施和公共区域的消毒频次，卫生间和洗手池配备消毒液，保持排风系统正常运行，定期对座椅等公用设施消毒。

（4）有条件的船舶内部咨询台或服务台配备速干手消毒剂；船舶每次出行载客前应对船舱、驾驶台等重要场所表面进行清洁消毒。座椅套等纺织物应保持清洁，并定期洗涤、消毒处理。

（5）船舶行驶过程中，应使用最大通风量；气温适合的，建议船舱开窗通风，保持室内空气流通。

（6）乘客、船舶工作人员佩戴口罩，乘客保持安静、减少交流，打喷嚏时用纸巾遮住口鼻，或采用肘臂遮挡等。

（7）优化服务流程，简化餐食供应。

（8）船舶宜配备手持体温检测仪，在适当位置设立应急区域，临时隔离出现发热、干呕等症状的乘客。

（9）船舶宜配备消毒剂；乘客呕吐时，采用消毒剂对呕吐物进行覆盖消毒，清除呕吐物再使用消毒剂进行物体表面消毒处理。

（10）在客运码头和船舶上通过广播、视频、海报等开展卫生防护知识宣传。

思考题

1. 内河客船一般应变部署有哪些规定？
2. 如何编制内河客船的应变部署表？
3. 船员常用的应变信号有哪些？
4. 客船的应急出口和紧急指示是怎样标识的？
5. 内河客船的逃生路线是如何确定的？
6. 内河客船在紧急情况时如何帮助旅客逃生？

第二节 应急演练

要点

大量的案例表明内河客船水上交通事故时有发生，应急状态的出现极易产生灾难性的严重后果。因此，要组织逼真的应急演练，使每位船员能够熟练掌握和使用各种设备，快速反应，快速处置，保持足够的戒备。

必备知识

一、内河客船应急演练的意义

每个船员，特别是船上的高级船员，尤其是船长、轮机长和大副必须清楚地认识到，船舶定期举行应变演习是船舶、旅客、船员安全的重要保证，是贯彻船舶安全管理规定、提高管理水平的一项重要工作内容，是检验船舶安全管理工作好坏、应变意识强弱、应变实际能力高低以及实际应变组织工作是否合理的重要标准。

船员通过定期的应急演练，可以熟悉船上的救生、消防等设备器材的正确使用；熟悉各种应变信号、应变程序和各种应变部署。当事故一旦出现时，船员能做到有条不紊地按程序处理，实施有效施救。客船最大的特点是船上大部分时间搭乘着旅客，一旦出现事故，旅客的心理承受能力很容易崩溃。通过应急演练，可提高服务人员对场面的控制能力，维持好旅客秩序，有序进行旅客疏散。

二、内河客船应急演练的项目计划

客船有大有小，船上的船员和旅客有多有少，设施及设备配备也不尽相同，船舶必须按规定制定适合本船应急演习要求的项目计划。对于大型客船而言，必须严格按照船上应急应变部署表的规定和要求开展应急演练。客（渡）船由于设施设备和人员的限制在应急演练内容安排上可做一些简化，但发警报信号、穿救生衣、起动水灭火系统等最基本的动作必须要有。

1. 客船救生、消防演习的基本内容及注意事项

客船应定期进行旅客疏散、救生、消防演习，在演习过程中有条件的应吸收旅客参与其中。

（1）基本内容

①发警报信号，召集旅客、船员至集合地点。检验他们是否能在规定时间内到达指定的集合地点。

②查看旅客、船员穿着是否合适。

③查看是否正确穿好救生衣。

④查看是否按规定携带了设备、器材。

⑤消防演习至少应包括起动水灭火系统、使用手提式灭火器等项目。

⑥救生演习至少应包括完成救生圈的抛投、救生艇的降落等项目。

⑦疏散演习至少应包括楼层引导员的站位是否合理、对通往集合地点的通道是否熟悉、语言是否规范等。

（2）注意事项

①先做出警示，开好协调会，按部署、职务分工安排好人员。

②向旅客做好广播宣传，防止因演习引起旅客的恐慌，维持好旅客秩序。

③注意船上各部门间的协同配合。

④演习完成后及时总结、评估演习效果。

2. 客船弃船演习的基本内容及注意事项

（1）基本内容

①发弃船警报信号，召集旅客、船员至集合地点。确保他们了解应变部署表中规定的弃船命令。

②向集合地点汇聚，准备执行应变部署表所述的任务。

③查看旅客、船员穿着是否合适。

④查看是否正确穿好救生衣。

⑤完成救生艇降落准备工作后，至少降下一艘救生艇。

⑥起动并运转救生艇发动机。

⑦运转降落救生筏所用的吊筏架。

（2）注意事项

①救生艇应逐次放下，演习按实际应变情况进行。

②每次演习，应试验集合与弃船所用的应急照明系统。

③每个救生艇至少每3个月落水面进行操纵一次。

④演习细节记入航行日志。

三、内河客船应急演练的基本要求

（1）应急演练应贯彻从实际出发，按应变部署表一丝不苟地完成应变操练计划，演习过程必须严肃认真，不走过场。

（2）船长及各部门负责人，应熟悉相应的应变指挥业务，具备实际指挥能力，胜任有效组织船员和指导船员进行应变演习的工作，身教重于言教。

（3）应变演习可单项进行，但不能取代综合应变或弃船演习。无风浪的白天，在气温适当的条件下易于实施应变演习。但不得以此代替有风浪、黑夜、冷天、热天条件下的应变演习。

（4）每次应变演习应检查救生艇属具并确保其处于完好状态。各救生艇轮流在救生演习中使用，每艘艇于3个月之内至少放出一次。条件许可时将艇降至水中并进行操艇练习。务必使船员通过演习彻底了解、熟悉其各自应执行的任务。

（5）各次应变演习应详实地记入航行日志，内容包括演习日期、位置、演习内容细节，放出和降下救生艇所用时间，艇筏及其属具技术状况，消防设备及消防用品情况，堵漏设备及堵漏工具的情况。

四、内河客船应急演练时容易忽视的问题及注意事项

（1）部分船员在演习时认为演习就是演戏，不认真对待，行为上走过场，不按应变部署的要求携带工具，这样在船舶真正发生事故时，不能迅速及时地按要求参与救援。

（2）有些船舶在演习时，往往是所有参演人员集结在一个固定的地方待命（如船首、上层甲板等），而不是按应变部署在各自的岗位履行自己的职责。

（3）在演习过程中，涉及旅客从上向下转移，船员从下向上参与救援，双方会在梯道上相遇从而发生拥挤的情况，所以在演习时应有序地组织旅客、船员上下按各自靠右的行

动路线移动，以避免因拥挤而发生摔倒、踩踏事故。

（4）在火灾事故中，大多数的死亡者是因浓烟进入呼吸道被呛晕而失去奔跑能力，最终导致被火包围致死。因此，在消防演习中，一方面要教会旅客利用身边的塑料袋、口杯等容器吸纳新鲜空气后用手捂住，在奔跑中换气。另一方面需要模拟在浓烟状态下俯身奔跑。

（5）很多内河客船在演习时不进行舷外通风口盲板和防火门的关闭演练，不进行救护伤员演练和快速穿着防火服演练。

五、内河客船应急演练的评估

每次应变演习完毕后应做出认真总结，对成绩及暴露出的问题和应变演习的效果做出评估，评估内容主要包括：

（1）应变意识方面。各岗位人员是否在演习信号发出后迅速做出反应，是否能按照应变部署表的要求采取行动。

（2）应变部署方面。应变部署的实施依据是应变部署表，因此，对应变部署的评估不能不涉及应变部署表的编排质量。

（3）应变所涉及的工具、属具、设施、设备的使用情况。船上的消防、救生、堵漏、通信设备和设施及工具应保持随时可用的良好技术状态，在应变演习的评估中应占有重要地位。

（4）模拟仿真程度。应变演习的目的是为了实际应变，绝不是、也不应该是为了做样子看，搞花架子。应变演习的评估，归根结底应以其相当于实际应变的模拟程度的高低为标准。

模拟程度的高低，固然应顾及应变意识的高低，应变部署的可行性，应变设备、设施、装置、物品、工具是否处于良好的技术状态，然而更需顾及的是按应变的要求去实施应变演习。必须做到：应当使用灭火器的就必须使用；应当放艇的就必须放出或落下救生艇；应当谁做的谁必须去做；要求做什么和怎么做应必须按要求做好。不如此就很难实现应变演习的最终目的。

不能认为不放艇的救生演习、不按规定携物的弃船演习、不施放灭火器的灭火消防演习、不做船舶机动的人落水救生演习等是合格的应变演习。

六、内河客船在紧急情况下的预防及处置措施

（一）对船舶自身和外部环境的风险评估

1. 概念

风险评估是估计风险幅度、决定风险可否容忍或接受的整体过程。其主要目的在于确定按计划的或现有的控制措施是否足以控制风险，避免损害。当意外情况发生后，船长和有关人员应根据本船情况、外部环境做出风险评估，内容包括所发生的意外对本船的风险及所采取的措施带来的风险进行评估，比如火灾，应根据本船人力、物力、消防设施、组织及外部的帮助、外部自然环境等决定能否控制与扑灭。如无法扑灭火灾需弃船时，采取不同方式的弃船行动将会造成的财产损失与人命损失的风险。

2. 风险评估的基本步骤

（1）认定所发生意外事故带来的危险。

（2）认定船舶和人员可能受到的损害，以及损害可能如何发生。

（3）根据危险发生的可能性和危害性评估风险大小，并评估现有条件及措施能否足以应付。

（4）认定现有条件及措施不足以应付风险时，选择减少的措施，此时对各种措施做出风险评估，以便做出最佳的避险方案。

（5）不断检查船舶内外环境，必要时重新做出风险评估。

3. 对风险评估应考虑的因素

（1）船上的设备、设施。

（2）意外事故的严重程度、危害后果。

（3）时间。

（4）船上人力、船员素质。

（5）对旅客的威胁和旅客秩序。

（6）外界自然条件：水文、气象、地理。

（7）外界可利用资源。

（二）应急时可用资源的局限性

船员和船上设备均是船舶资源，由于船舶属于相对封闭的独立场所，在发生紧急情况时，不同于陆地情况，受到自身条件和外部环境的严重限制。

（1）船员人数有限，人员的素质参差不齐，对设备的性能、用途的了解及操作和使用设备熟练程度不一。

（2）船上现有设备的数量有限，设备的性能受到一定限制，船上回旋空间有限。

（3）船舶发生紧急情况时主要立足于自救，外援受环境条件的限制难以获得。

（三）应急时人员和设备的最佳使用选择

船舶发生紧急情况时，需进行应急自救，主要立足于自救，直至转危为安，而船上的资源主要是船员和船上设备。为了获得最佳救助效果，应合理利用船上的现有资源，掌握“人尽其才、物尽其用、扬长避短、各尽其能”的原则，才能达到资源（设备）的最佳使用效果。需要充分考虑如下因素：

（1）人力资源的利用。按应变部署中的分工及职责行动，能有效地发挥每个人的最大潜能。

（2）设备资源的合理使用。在行动中找出事故的最重要的突破口，把有效的资源和设备用于最关键部位，发挥其最高的效能。

（3）外部救援力量的利用。及早向有关部门报告，联系好救援，争取时间。

（4）自然环境和自然力量的利用。充分根据当时的自然条件采取适当的措施，使救助处于最有利的地位，如，火灾中将火源置于下风，有利于控制火势；又如，弃船时，采取抢滩、抛锚的措施，有利于稳住船位和旅客转移；再如，船体破损时，将破洞处于下游方向，有利于减小进水速度。

七、船舶落实重大传染病疫情防控管理措施

根据国家有关防疫规定，船公司应建立健全疫情防控管理措施，包括：制订疫情防控管理计划、落实疫情防控管理责任、建立疫情防控排查制度、建立疫情防控培训制度、建立疫情防控演练制度、建立船员换班操作制度等疫情防控管理制度。

(一)防疫物资供应

（1）航运公司应当及时为船舶提供必需的防疫物资，建立防疫物资清单供应制度。

（2）根据在船船员人数，配发充足的防护口罩，包括配备给梯口值班人员、与外来人员接触的工作场所人员和航运公司上船工作的岸基人员使用（按船上实际需要配发）。

（3）配备防护手套、护目镜和防护服（按船上实际需要配发）。

（4）配备医用红外线测温仪。

（5）配备手消毒剂，放置在梯口、生活区公共场所使用。

（6）配备消毒液、消毒粉用于厨房和生活区场所消毒。

（7）根据国家有关防疫规定，为船舶配备相应的预防和治疗药品。

(二)疑似症状监测

（1）船长应当指定专人负责对在船船员和乘客进行体温测量。

（2）每天早晚各进行一次体温测量，同时观察和询问有无相关症状，测量结果及疑似症状应当及时登记，由船长签字后存档备查。

（3）在船船员和乘客体温跟踪测量实行零报告制度，正常情况下每天定时向航运公司岸基管理部门报告，如发现船员发热、疑似病症或身体其他异常情况，应当立即向航运公司报告。

(三)船舶梯口管控

（1）船舶靠泊作业期间，船长应当督促梯口值班人员加强梯口管控，严格检查所有登船人员证件及个人防护用品的佩戴情况，无关人员禁止登船。

（2）梯口值班设置登船人员体温测量和登记岗，对登船人员须先测量体温，如体温超过37.3摄氏度以及未按规定佩戴个人防护用品的人员禁止登船。

（3）梯口值班人员应当严格佩戴口罩和防护手套，必要时穿戴防护服、佩戴护目镜。

（4）登陆人员佩戴过的口罩严禁带入生活区，应当统一投放到在梯口设置的密封回收容器中。

(四)船岸人员交流

（1）船舶应当制定临时疫情管控措施，疫情期间尽量减少船岸人员的交流活动，谢绝登船参观访问和家属探望。

（2）船舶应当严格控制登船外来人员的活动区域，在主甲板设立理货间或接待室，限制代理、理货、供应商等外来人员进入船员生活区域。

(五)船舶饮食安全

（1）船舶伙食应当从正规供应商处采购，尽可能避免从发生疫情的港口和地区购买，同时做好船舶伙食采购登记。

（2）疫情防控期间应当科学制定船上食谱，多补充新鲜蔬菜水果，并适量保证肉、禽、鱼等蛋白质食物的摄入。

（3）生食和熟食的砧板和刀具要分开，不吃生食品，尤其是肉类、蛋类和海鲜类。

（4）严格落实分餐制度，所有餐具要坚持用餐前消毒。

（六）船舶舱室通风

（1）建议船舶起居舱室和生活处所每日通风3次，每次20～30分钟，寒冷地区通风时注意保暖。

（2）抵达疫区港口的船舶，应当注意船舶空调及通风控制，尽量保持船上生活和居住处所空气新鲜。建议控制船上一次风（新风）占10%～20%，二次风（循环风）占80%～90%，根据船舶实际进行风比调整，直至二次风关闭。

（3）中央空调系统风机盘管正常使用时，定期对送风口和回风口进行消毒。

（4）中央空调新风系统正常使用时，若出现疫情，不要停止风机运行，应在人员撤离后，对排风支管封闭，运行一段时间后关断新风排风系统，同时进行消毒。

（5）带回风的全空气系统，应把回风完全封闭，保证系统全新风运行。

（6）船上应当设置隔离处所或隔离区，以防病毒扩散传染。有条件的船舶，隔离处所应当配有独立的卫生间，独立通风或关闭全船回风，减少生活区内部空气循环。

（七）船舶清洁消毒

（1）科学使用消毒物品，遵守消毒液、酒精等浓度配比要求，落实防火、防静电等措施，严防发生爆燃、火灾、人员中毒等事故，消毒方法参照国家有关要求和指南进行。

（2）加强消毒物资管理，落实专人保管、专室存放、专业操作等制度，减少安全隐患，防止发生安全事故。

（3）被确诊为疫病患者、疑似病员以及与之密切接触人员所使用过的医疗设施、起居舱室和活动处所应每天按照规定的程序进行清洁和消毒。

（八）船员换班操作

（1）国内航行船舶应当尽可能在中风险、低风险地区开展船员换班，高风险地区港口一般不进行船员换班。

（2）船员换班全过程应当做好个人防护设备佩戴、体温检测等措施，如出现健康异常状况的，应当立即暂停船员换班，并按照疫情防控要求进行处理。

（3）换班船员经筛查发现有确诊病例、疑似病例、密切接触者和有发热或有呼吸道症状者需进行隔离的，应当严格遵守相关隔离要求，自隔离之日起至隔离结束之日止每天向航运公司报告健康情况。

（九）客运船舶分区分级防控

客运船舶还应当按照关于分区分级防控的建议，落实各项防控措施，做好登船人员的排查，强化船员对疫情防控知识的培训和相关演练，合理安排乘客舱室，保证船舶舱室的消毒和通风，做好船员和乘客的个人防护，控制船岸人员的交流，加强对船上乘客相关卫生知识的宣传，切实保障船员和乘客的健康安全，防范疫情传播。

思考题

1. 客船定期组织救生、消防等应急演练有何意义？
2. 客船救生、消防演习的基本内容及注意事项有哪些？
3. 客船弃船演习的基本内容及注意事项有哪些？
4. 内河客船应急演练有哪些基本要求？
5. 内河客船应急演练时容易忽视的问题及注意事项有哪些？
6. 应急演练结束后的评估意义是什么？
7. 对内河客船面临的风险应从哪些方面进行评估？
8. 内河客船在发生紧急情况时，会受到哪些条件限制？
9. 应急时人员和设备的最佳使用选择充分考虑哪些因素？
10. 内河客船落实疫情防控管理措施有哪些？

第三节 应急行动

要点

本节主要包括防止人员落水及人员落水后的营救；内河客船发生火灾、碰撞、触礁或搁浅的应急行动；防风灾与大风浪中航行；弃船抢险时的行动和将旅客转移至救助船的行动。对内河客船而言，首先是要尽量避免各种险情的发生，做好事故预防工作；其次是当船舶一旦发生这些险情，必须采取正确的应急行动。

必备知识

一、防止人员落水及人员落水后的营救

（一）人员落水的预防

人员落水险情是指客船发生事故、船员和旅客发生意外或其他原因造成人员落水的险情。

（1）对于内河客船而言，一旦发生事故，如果旅客秩序维持不好，性急的旅客就会跳水求生。因此，客船发生事故，必须维持好旅客秩序。

（2）供船员、旅客上下船的跳板必须安装防止人员落水的安全网，跳板垫有防滑的垫子，旅客在上、下船的过程中需安排足够人员维持好秩序，特别关注老、弱、病、残、孕等弱势旅客。

（3）加强旅客在乘船期间的安全教育，严禁旅客攀爬栏杆或在舷边打闹、追逐，有小

孩的旅客需时时照看好自己的小孩。

(二)人员落水的营救

1. 发现者的行动

（1）船员发现有人落水，应立即抛出救生圈或其他浮具营救，如可能，夜间应抛出带自亮浮灯的救生圈，日间应抛出带自发烟雾信号的救生圈，以便指示落水者的位置。

（2）向驾驶台值班人员高呼："有人从×舷落水"，并用手势指明哪一舷落水或用哨子发出警报，注意跟踪瞭望。

2. 本船的行动

（1）驾驶台值班人员获知有人落水后，应及时发出"有人落水"的警报信号，立即停车和向落水者一舷操满舵。

（2）指定人员到高处瞭望，夜间应打开探照灯寻找。

（3）执行营救人员应迅速放出救生艇，艇长应携无线电对讲机，根据总指挥命令在现场指挥放艇，船、艇之间须以各种方法保持通信联络。

（4）乘警（有乘警在船时）或保安及客运部人员要维持旅客的秩序，做好安抚旅客的工作。

（5）施救落水人员时，应根据河面风浪情况，尽量让落水人员处在船的下风舷侧救助上船。

（6）在营救过程中，船长一方面要积极营救，另一方面要注意本船的安全，以防顾此失彼，扩大损失，如图6-8所示为救助落水者。

(a)

(b)

图6-8　救助落水者

二、内河客船发生火灾时的应急行动

(一)火灾应急基本常识

船员在应急救援的过程中应当保持镇静，沉着应对，做到临危不乱，同时应具备以下基本常识，如图6-9所示为应急基本常识。

（1）会使用消防器材、会报火警、会扑救初期火灾、会组织疏散逃生。

（2）不管是演习还是实战，没有戴防火面具的船员，都应当准备一条湿毛巾，当遇到烟火时，将湿毛巾叠三折，捂住口鼻，以防止被烟雾呛晕。

（3）当发现船上某个部位发生初期火灾时，应立即扑灭，不要贻误时机。当发现关闭的客房门缝在冒出浓烟时，不要立即打开客房门，要在准备好灭火机、水龙带后（最好用防火绳将持灭火机、水龙带的人员拴上，派专人拉住）再开门灭火。因为，客房内出现浓烟时，是因为室内氧气不足，如果贸然开门，氧气及时补充，火焰会迅速扩散。同时，在开门的瞬间会有一种吸力，可能会将灭火人员带进，造成不安全。

图6-9　应急基本常识

（4）船员在任何紧急情况下，都应当保持镇静，特别是在旅客面前，尤为重要。船员的表情会影响到旅客，避免造成旅客恐慌，以便有秩序疏散旅客。

（二）应急行动

1. 发现者的行动

不论航行或停泊中，当发现火灾时应采取如下措施：

（1）如果火势较小，应立即用附近灭火器具扑灭，并报告火情。

（2）如果火势较大，不能立即扑灭时，应大声呼喊“××处失火”，并启动报警器，以便驾驶台值班驾驶员及时向全船发出警报信号，如图6-10所示。

（3）关闭舱室及附近的门窗，采取隔离措施，防止火势蔓延。

（4）观察火情，等待灭火队伍来进行扑灭。

图6-10 火灾报警

2. 本船的行动

（1）当火灾（如图6-11所示为船舶火灾事故现场）报警器响起或者接到口头报警之后，船长应指令驾驶员或轮机员或总台值班人员查明火势，确认后向全船发出警报信号。

（2）火灾警报信号发出后，所有船员应按应变部署表规定到达各自岗位。

（3）广播应立即发出通知，船上有外籍客人，应备有各国语言的广播通知单。

（4）维持旅客秩序，引导旅客从失火场所和附近区域撤离。

（5）航行中发生火警时，船长应首先弄清风向和着火部位，操纵船舶转到适当位置，使火势背风，避免火势蔓延。

（6）当火势继续扩大危及旅客、船员生命安全时，应立即在附近安全地抢滩，并一面组织撤离旅客，一面继续灭火。

（7）当局部单元客房发生火灾无法控制时，应采取外围冲水冷却的方法将火势控制在一定范围，防止火势蔓延。

（8）港区内发生火灾，应及时拨打电话“119”报警，争取港口公安消防部门的救援。

图6-11 船舶火灾事故现场

三、内河客船发生碰撞、触礁或搁浅的应急行动

(一)发生碰撞后的行动

当船舶已经发生碰撞，驾驶人员必须保持镇静，沉着应对碰撞局面，全面考虑人命、船舶和环境的安全，在措施上必须做到不延误应变时机，要避免因惊慌失措、顾此失彼而扩大损失，如图6-12所示为船舶碰撞事故现场。

图6-12 船舶碰撞事故现场

(1) 船长应立即评估碰撞的势态并采取有效措施防止势态扩大；测定船位，指令船员到碰撞部位勘查；向就近主管机关和公司值班室报告，决定是否需要外援。

(2) 若有人落水，命令施放救生艇筏救人；向旅客通报碰撞情况，安抚旅客。

(3) 驾驶员查看碰撞现场，判断船舶可能受到的损坏并向船长报告；指挥施放救生艇/筏/圈和营救落水人员以及现场堵漏等工作。

(4) 轮机员监视主、辅机的正常运转，协助船长广播及通信联络等工作；监视各舱底水位，经船长同意，起动水泵排水。

(5) 普通船员按驾驶员或轮机长指示，到现场堵漏、抢救、抢修；维持客舱秩序，安抚旅客，救护受伤旅客。

(二)发生触礁或搁浅后的行动

触礁是指船舶在航行中触碰礁石、水上物体或冰块等，造成船舶受损、漏水或沉没的意外事故；搁浅是指船舶搁在因误入水深小于其吃水的浅滩上或因故搁在河床浅滩处，失去浮力，不能行驶的事故，如图6-13所示为船舶触礁事故现场。

图6-13 船舶触礁事故现场

船舶发生触礁或搁浅，使船体、机械设备和货物等遭受损失，甚至会导致人身伤亡、阻塞航道等一系列恶性事故的发生。在水位变化较大的河段搁浅，如不能及时脱浅，将使船舶搁置在沙滩或礁石上，可能造成船舶折断、倾覆沉没等恶性事故。

1. 切忌盲目动车

船舶在刚搁浅或触礁后，因情况不明，若盲目动车，可能导致船体、螺旋桨和舵受损加重，即使能够脱浅或离开礁石，也可能再次搁浅或触礁，如果搁置在石角上，则还可能扩大破损，致使船舶大量进水而倾覆或沉没。

2. 按规定显示信号

船舶搁浅后，应按《内河避碰规则》的规定，白天显示号型（在桅杆的横桁上垂直悬挂三个黑球），夜间显示号灯（锚灯与垂直两盏红色定光灯），引起周围船舶注意。

3. 紧急报告

船舶发生搁浅或触礁后，应立即报告船公司和海事机构，如实记入航行日志，与船公司及海事机构保持联系，以取得指导及援助。

4. 水密工作

船舶发生搁浅或触礁事故后，应立即安排人员检查或关闭与河底相通的水密门。

5. 调查情况

（1）弄清搁浅或触礁的部位。

（2）查清船底破损及进水情况。

（3）弄清船舶吃水和周围的水深及底质。

（4）观察水位与潮汐。

（5）查清螺旋桨、舵及其动力的情况。

（6）关注未来天气情况。

6. 固定船位、保护船体

7. 制定脱浅方案

四、内河客船防风灾与大风浪中航行

(一)内河客船风灾事故的预防

风灾是指内河客船遭受强风暴袭击并造成损失的事故。风灾事故不仅可能使船舶上层建筑破坏、船舶进水、操纵失控，严重的还会导致船沉人亡，如图6-14所示为船舶风灾事故现场。造成船舶风灾事故的主要因素有：

（1）强风袭击。航行长江中下游和靠近沿海地区的客船，特别是大型旅游客船上层建筑丰满，受风面积大，风对船舶影响特别大。

（2）忽略安全工作，追逐经济利益，违反水上安全管理法规，超载运输。

（3）船员技术素质差，选择锚泊位置不当，在风增大的情况下操作不当。

（4）不能遵守按时收听天气预报的规章制度，未掌握水文气象知识。

（5）船体抗风浪能力差。

图6-14　船舶风灾事故现场

要有效地防范船舶风灾事故的发生，除水上安全主管机关要加大法规宣传力度及现场监管力度外，船舶单位、广大船员还必须时刻树立“安全第一、预防为主”的原则。在加强专业知识培训、提高操作技术水平的同时，更要遵守水上交通法规及有关规章制度，严格内部管理。

（1）及时收听天气预报，认真落实大风来临之前的检查制度，关闭好水密门窗，加固封舱、捆绑好甲板上的货物。

（2）严禁超载航行、超航区航行、超抗风等级航行。

（3）船舶大风浪中航行，要密切注意因波浪引起的船舶横摇、纵摇、横倾、纵倾，采取改变航向和降低航速等安全有效的船舶操纵措施，控制船舶对波浪的相对运动，尽量减少船舶的摇荡。

（4）及早寻找安全锚地避风，在选择锚地避风时，应选择上风锚地，同时考虑锚地水深、底质及旋回余地，加强值班，勤测锚位，随时观测，防止走锚。

（5）突遇大风浪影响时，要迅速引导旅客回到各自舱室或座位。避免集中一舷或集中在较高甲板上影响船舶稳性。

（6）停在泊位的船舶，为避免在大风浪中冲撞码头，必要时应驶离码头到锚地避风。

（二）内河客船在大风浪中的操船措施

船舶在大风浪中航行，无论与风浪处于何种相对位置，都会给船舶操纵带来困难，应尽量避免船舶作横浪航行，大风浪中的操船必须在确保安全的前提下进行，必要时抛锚避风，等待时机再续航。主要的操船方法有：

（1）顶浪航行。船舶在保证必要的舵效前提下，尽量降低航速，减少波浪对船首底部的冲击力。

（2）顺浪航行。操控船舶使航速稍大于波浪传播速度，这样既能避免艉淹，又能保持舵效。

（3）偏浪航行。保持船舶主航向与风浪方向成20°～40°夹角的航行方法。

（4）滞航。以能保持舵效的最小速度，将风浪置于船首2～3个罗经点的方位上顶流前进的方法。

（5）顶风顶岸稳船。当风力太大，船在航行中无法控制船位时，可选择土质陡岸，用微车控制船首顶风顶岸稳船。

五、弃船抢险时的行动

当船舶发生意外事故严重受损，处于沉没、倾覆、爆炸等严重危险情况，船长认定危及船泊和旅客的安全时，船长应宣布弃船。

（1）立即向就近主管机关和公司报告出事地点、情况和采取的措施；发出弃船警报信号，七短一长声，连续一分钟。

（2）安抚旅客，发出弃船命令后协助旅客穿上救生衣并放下救生艇。

（3）打开所有的应急逃生门，引导旅客到集合地点或登艇地点，准确无误地清点人数。

（4）操纵船舶到适当的位置，有利于救助工作的进行。

（5）维持旅客有秩序撤离，带领乘客有秩序地离船登艇，并重点照顾伤病员、残疾人、老年人和儿童的撤离。

（6）在有外援救助时，指挥船员，组织旅客先登上救援工具。

（7）停止主机运转，关闭燃油泵等有关阀门和停止运转所有机械设备，尽可能使主机等设备不受损坏，以便重新登船时抢救船舶。

（8）待旅客和船员全部登艇后，船长携带船舶证书、航行日志和国旗，最后一个离船。

六、将旅客转移至救助船的行动

（1）操纵遇难船使之处于便于救助势态。船长应当根据当时环境、水域、气象、水流及本船的情况，操纵船舶使之有利于救助船的救助行动。如：

①操纵遇难船使撤离通道处于下风侧，并在下风侧留出足够的水域和水深供遇难船放救生艇或救助船靠泊。

②应尽量操纵船舶，减少风、流、浪等的影响。使船位尽量处于陆地、高山等的下风或河道缓流等地方；如救助船吨位较大时处于上风侧，吨位较小时处于下风侧。

③尽可能使船位固定，以便救助。比如采取抢滩、抛锚等措施。

（2）选择好系靠点。系靠点尽量避免在船的首、尾部分，最好在船中比较平直处；避开船体损坏部位、险情发生区及易损坏的部位附近。

（3）保持救助船与遇难船之间有效的通信联系，保证系靠行动的协调。

（4）系靠过程中，应收进里舷所有突出的活动部件，两艘船里舷应准备好碰垫。

（5）两艘船并靠后，应尽快系好缆绳，固定位置。如可能可搭上跳板，并使其固定，跳板两侧应做适当防护，跳板两端应有专人照应，以防止旅客摔倒及落水，同时给需要的旅客予以帮助。

（6）旅客如需经过无护栏的舷边走向撤离通道，应做好防止旅客落水的措施。

（7）旅客应在统一指挥与安排下，分批有秩序地进行转移，做到船首尾、左右平衡撤离，保证船舶稳性，防止倾覆。

（8）在转移旅客时（如图6-15所示为旅客转移至救助船现场），应充分考虑救助船载员定额的限制，保证救助船及旅客的安全。

（9）转移旅客的过程中，应注意控制好暂未撤离的人员。防止某些旅客不听从指挥与安排，争先撤离，甚至跳水向救助船泅渡等情况。

图6-15　旅客转移至救助船现场

思考题

1. 内河客船防止人员落水有哪些措施？
2. 船舶一旦发现有人员落水，应如何行动？
3. 船舶一旦发生火灾，应如何行动？
4. 简述内河客船发生碰撞、触礁或搁浅的应急行动。
5. 造成船舶风灾事故的主要因素有哪些？
6. 简述大风浪中操船措施。
7. 简述弃船抢险时的行动和将旅客转移至救助船的行动。

第七章

水灭火系统

要点

水灭火系统是所有船上必须配备的一种灭火系统，也是最基本而有效的灭火系统之一。本章内容主要介绍水灭火系统的组成、水灭火系统各个组成部分的性能要求、水灭火系统的维护保养及水灭火系统可以灭火的种类等方面的知识。

必备知识

一、水灭火系统的组成

水灭火系统由消防泵、消防水管、消火栓、消防水带和消防水枪等组成。

二、水灭火系统各个组成部分的性能要求

1. 消防泵

（1）大型客船船用消防泵的主要参数（如表7-1所示）

表7-1　消防泵的主要参数一览表

总吨位	泵的数量（台）	泵的总排量（m^3/h）	每一泵的总排量（m^3/h）	消火栓压力（MPa）	动力源布置
4 000总吨以上	3	舱底泵总排量的2/3	（总排量/台数）×80%以上	0.4	分舱布置
1 000 ~ 4 000总吨	2			0.3	

（2）为了随时获得供水，1 000总吨及以上的客船，至少应能从内部位置的任何消火栓上立即获得一股有效的水柱，并保证自动起动所需消防泵持续供水。

（3）当机器处所内设有消防泵时，在机器处所之外易于到达的适当位置装设隔离网，以使机器处所内的消防水管能与机器处所外的消防总管隔断（应急消防泵亦满足这一要求）。

（4）内河客船需要设置固定独立驱动的应急消防泵。1 000总吨以下的客船，一般将消防泵与动力源布置在同一机舱内，当机舱失火时，机舱内消防泵将失去作用，因而应用固定独立驱动的应急消防泵作为替代措施。

（5）固定独立驱动的应急消防泵应布置于机舱外的钢质围壁的舱室中，且其动力源不能与机舱内的机器有关。一般对电动驱动的应急消防泵由应急发电机供电，由柴油机驱动的应急消防泵，其柴油机应能在0摄氏度（或限航区的最低温度）的冷态条件下进行人力起动。如人力起动不可行时，可采用压缩空气起动柴油机。压缩空气从机舱内的主空气瓶引至应急消防泵舱的小空气瓶中，空气起动装置应能使柴油机驱动的应急消防泵在30分钟内至少起动6次。且在前10分钟内至少起动2次。燃油供给柜所存的燃油，应能使该泵在全负荷下至少运行3小时；在主机舱以外可供使用的储备燃油，应能使该泵在全负荷下至少运行15小时。应急消防泵应在船舱处于轻载状态下仍能吸水，故其布置应能在船舶运动中可能遇到的纵倾、横倾、横摇和纵摇条件下，应急消防泵总吸头和正吸头能达到使应急消防泵的排量不少于计算的消防总排量的40%，且在任何情况下应不少于25立方米每小时，并在此水量排出时，任何消火栓的压力均不小于表7-1中的最低压力。

（6）船上的卫生泵、压载泵、舱底泵和总用泵，如能满足消防泵的排量的压力，且不经常用于抽输油类，均可用作消防泵。

2. 消火栓

每只消火栓配备消防水带一根，每根消防水带的长度应不大于20米，消防水枪出水口径不小于13毫米，也可选用16毫米、19毫米的水枪。直流水枪的射程大于12米。

三、水灭火系统的维护保养

按船舶消防管理和检查技术要求的有关规定，船用消防泵在检查和维护保养时，应符合以下要求：

（1）船用消防泵应有清晰的标志，泵体、压力表等附件完好，能及时起动。

（2）船用消防泵工作时在最高位置的消火栓上应能维持两股射程不小于12米的水柱。任何消火栓处的压力均应达到规范要求。

（3）船用消防泵是水灭火系统的心脏，因此，每月起动运转一次（柴油机驱动消防泵每星期起动运转一次），检查消防泵运行是否正常，出水压力是否达到设计规范值。

（4）每年应对水灭火系统进行一次模拟火警试验，以检验火灾发生时水灭火系统能否迅速开通投入灭火作业。主要试验如下：

①打开试验区域内自动喷水灭火管网一只喷头或以接近1升每秒流量从末端试水装置处放水，该区域水流指示器动作并发出信号，该系统报警阀动作，压力开关给出信号，水力警铃发出铃声，自支喷水灭火系统消防泵应迅速投入正常运行。

②在试验区域内任一选定消火栓箱上的远距离起动消防泵的按钮，都能直接起动消火

栓使水灭火系统消防泵投入正常运行。

对于船用应急消防泵在检查、维护保养时还应做到以下几方面：

1. 外观检查

（1）检查其船用产品证书上的型号、建造日期是否与实际相符。

（2）应急消防泵所在位置与防火控制图是否一致。

（3）应急消防泵存放处是否有标识、是否张贴操作说明、是否设有防火防尘应急照明灯、是否配备手提式灭火器。

（4）燃油量、滑油量是否充足（供应柜所装的燃油应能使泵在全负荷下至少运行3小时，同时在A类机器处所外应储备足够数量的燃油，能使该泵在全负荷下至少运行15小时），燃油箱液位计是否符合要求。

（5）柴油机排烟管是否进行了有效的隔热保护，传动带是否有防护罩。

（6）需用压缩空气起动的柴油机，气瓶中是否有充足的气量，瓶头阀、放残阀等是否进行了有效的保养。

（7）需引水的消防泵，水箱中是否有充足的引水，相连管系的维护情况如何。

（8）安全阀、隔离阀（如设有）是否状况良好。

（9）冷却水管、真空管、排气管、齿轮箱及离心泵底座是否状况良好。

（10）贯穿机器处所的吸水管和排水管是否进行了有效隔离。

2. 操作性检查

（1）起动原动机，看能否随时起动并满足要求。

（2）设有遥控起动装置的，应作遥控起动试验，并检查其能否由应急电源供电。

（3）原动机是否运转正常，压力表、真空表等各种仪表是否处于良好状态。

（4）附带真空泵是否工作正常。

（5）进口阀、出口阀是否起作用。

（6）出口压力能否达到要求固定式应急消防泵的出口压力一般维持在0.392 MP a以上。

（7）离心泵轴封处是否泄漏严重，其他消防管系是否有泄漏现象。

（8）消防泵能否立即出水，出水量是否符合要求。

（9）连接两根消防水带和水枪，观察水柱所达射程能否有效灭火。

3. 其他检查

（1）对消防水带是否有泄漏进行检查，消防水带每次使用后，要进行晾晒，完全干后卷好放置在消防箱内。

（2）消火栓附近不能堆放各种杂物。

（3）随时检查消防箱是否按规定存放有消防水枪、扳手等。

四、水灭火系统可以灭火的种类

各种船舶都设置有水灭火系统，该系统适用于扑灭甲类火（A类火），水雾适用于灭重油、原油及切断电源后电气火等。水的灭火作用：

1. 冷却作用

每千克水的温度升高1摄氏度，可吸收热量4 184焦耳，每千克水蒸发汽化时，可吸收热量2 259焦耳，水具有良好的导热性。因而，当水与燃烧物接触或流经燃烧区域时，将被加热和汽化，吸收大量的热量，降低可燃物的温度到着火点以下，从而达到灭火的目的。

2. 窒息作用（对氧的稀释作用）

水的汽化将产生大量水蒸气占据燃烧区，可阻止新鲜空气进入，降低燃烧区氧的浓度，使可燃物得不到氧的补充，导致燃烧强度减弱直至中止。

3. 稀释作用（对水溶性液体的稀释作用）

水本身是一种良好的溶剂，可以溶解亲水性可燃液体，如醇、醛、酮、酯等。因此，当此类物质起火后，如果容器的容量允许或可燃物流散，可用水予以稀释。由于可燃物浓度降低而导致可燃蒸气的减少，使燃烧减弱，当可燃液体的浓度降到可燃浓度以下时，燃烧中止。

4. 分离作用（水力冲击作用）

经水器具（尤其是直流水枪）喷射形成的水流有很大的冲击力，这样的水流遇至燃烧物时，将使火焰产生分离，这种分离作用一方面使火焰“端部”得不到可燃蒸气的补充，另一方面使火焰“根部”失去维持燃烧所需的热量使燃烧中止。

5. 乳化作用

非溶性可燃液体的初期火灾，在未形成热波之前，以较强的水雾射流（或滴状射流）灭火，可在液体表面形成“油包水”型乳液，乳液的稳定程度随可燃液体黏度的增加而增加，重质油品甚至可以形成含水油泡沫，水的乳化作用可使液体表面受到冷却，使可燃蒸气产生的速率降低，致使燃烧中止。

思考题

1. 船上水灭火系统由哪几部分组成？
2. 船上水灭火系统各个组成部分的性能有何要求？
3. 船上水灭火系统应如何维护保养？
4. 船上水灭火系统可以灭火的种类有哪些？

第八章

客船火灾

要点

客船是水上旅客运载工具，一些大型客船的吨位和载客量都很大。客船不同于陆上交通工具，它是一个相对独立的流动场所，在安全管理和施救上如果单纯依靠外界的救援难度非常大。一旦发生火灾，等水上消防队员到达现场时，一般火势已经发展到了猛烈燃烧阶段，扑救起来非常困难，并且船上人员众多，极易造成重大人员伤亡。本章内容主要介绍客船火灾的特点、客船易造成火灾的因素和部位、客船火灾的预防及客船消防安全管理等方面的知识。

必备知识

一、客船火灾的特点

了解客船火灾特点，对于客船防火自救非常重要。具体来说，客船火灾特点可归纳为以下几点：

（1）客船内可燃、易燃物多，火灾荷载量较大。客船在结构和装修材料上，规定采用不燃和难燃材料，但客船的客舱、驾驶台、船员生活舱内的棉布、丝绸及室内的家具、卧具等生活用品都是可燃物。另外，客船机舱内电力、动力设备集中，储油柜及输油管线内存在大量油料。客船在航行、停泊、检修作业中，稍有不慎，极易发生火灾。

（2）客船上各种服务一应俱全，在为旅客提供方便的同时，也增加了客船的火灾危险性。大型旅游客船上设有厨房、大小餐厅、KTV、健身房、桑拿间、影剧院、购物商场、美容美发室等设施。客房内配有电热水器、电吹风、小型冰柜等电器。这些生活服务设施内部都有大量的可燃、易燃物品，不管用电还是使用明火，都存在很大的火灾危险性。

（3）客船一旦发生火灾，其蔓延速度非常快，并潜伏着爆炸的危险。因为客船上可燃、易燃物品较多，再加上水上气流速度相对较快，火灾一旦发生，火势会借助风势迅速蔓延。如果火灾发生在机舱，那情况会更糟糕。因为机舱内机器设备多，电缆线、油管线等通到船体的各个方向，所以一旦机舱失火，火焰会顺着这些管线迅速向四周和船体上部蔓延。根据以往的经验，火灾一般起火10分钟内就能蔓延至整个机舱，所以机舱内的储油柜很容易受到火焰的熏烤而发生爆炸。

（4）热传导性强，容易形成立体火灾。客船船体结构多以钢板制造，热传导性能强，通常起火后3～5分钟内，温度可上升500～900摄氏度，钢板被迅速加热，成为温度很高的物质，热钢板还易引燃相邻和靠近船体的可燃物质，从而扩大火势。同时，船舶既有高层建筑的高度，又有地下建筑的特点，还有化工火灾的复杂，是集高层火灾、地下火灾、化工火灾、人员密集场所火灾、仓库火灾于一体的火灾类型，防范火灾和灭火都比较困难。客船上下连接的楼梯、通风管道等都为火灾的蔓延提供了路径。所以如果客船某层着火，火灾会很快发生水平和垂直蔓延，形成立体火灾。

（5）火灾时有毒气体多、烟雾浓，易造成人员窒息死亡。因为客船内部的装修材料多为胶合板、泡沫塑料以及化学纤维等可燃材料。这些材料在燃烧时会产生大量的烟气和有毒气体，这些烟气和有毒气体会沿着狭窄的走道很快蔓延至各个房间，极易造成人员窒息死亡。

（6）船舶空间狭窄，火灾发生率高，人员多、相对集中，疏散困难，易造成大量人员伤亡。客船内人员集中的客舱内部空间狭小，走道狭窄，客船上的人员众多，发生火灾时，乘客或游客极易产生恐慌心理，造成人员疏散难度增加。

（7）交通条件受限，应急救援难度大。客船火灾可能会发生在航行中、抛锚时或停靠在港口码头时。若在航行中发生火灾，外部救援力量由于间隔较远，无法及时到达。而当船舶停靠在岸边，受船舶吃水、码头条件等限制，外部救援力量无法轻易靠近客船进行灭火，影响灭火救援的速度。因此，船舶一旦发生火灾主要依靠船舶自救。

二、客船易造成火灾的因素和部位

（一）客船易造成火灾的因素

现代科学技术的进步和发展，船舶操纵自动化越来越高，电气设备与日俱增；同时为谋求生活舒适，日用装备日趋豪华，木器及沙发等易燃用品渐增，因此，客船发生火灾的可能性也相应增加。通过对客船火灾案例的分析，可将客船容易造成火灾的因素归纳为以下几方面：

1. 明火或暗火引起的火灾

明火是指带有火焰的火，如火柴火、气焊火、油灶的火。暗火是指不带火焰的火，如烟头、炭火星等。不论明火或暗火都与船员、旅客的日常生活密切相关，稍有不慎或管理不严就很容易引起火灾。

2. 热表面引起的火灾

船上机器的排气管、蒸汽管、锅炉外壳都是热表面，如果不小心将溢油溅到这些热表面上，或者将衣物、棉纱靠近热表面就会造成温度升高而引起火灾。

3. 火星引起火灾

火星有烟囱里飞出的、金属撞击摩擦产生的。它具有较高的温度，可以引燃一些可燃物质，还会引起石油气体或其他可燃气体的爆炸，从而造成船舶的火灾。

4. 自燃引起的火灾

沾了油的棉纱、破布、木屑等易燃物，如果暴露在空气中，再加上通风不良，时间长了就会氧化发热而发生自燃，酿成火灾。

5. 电气设备引起的火灾

船上大量的电气设备，如有电器短路、超负荷运作、设计安装错误、电线老化、绝缘失效以及乱拉电线等现象，将会导致线路过热而发热，从而引起火灾。

(二)客船容易造成火灾的部位

1. 机舱

机械故障和机舱主机高温可能引起火灾，电器短路、超负荷运转等可能引发火灾。

2. 船员、旅客居住舱室

船员、旅客在房间吸烟时乱扔烟头，卧床吸烟，利用电灯或加热器烘烤衣服等易燃品，违规使用大功率电器，私拉乱接电线和电源插座都可能引发火灾。

3. 厨房

客船上的厨房在使用各种设备稍有不慎或管理不严就很容易引起火灾。电器短路、设备超负荷运行和违规操作等可能引发火灾。

4. 娱乐场所

客船（尤其是旅游客船）上的娱乐场所有大量的各种电器、电子设备，客人密集，极易引发火灾。

5. 物料间

客船上的物料间往往存放有大量的可燃物，尤其是存放沾染油迹的棉纱、破布，时间长了这些物质就会氧化发热而发生自燃，酿成火灾。

6. 油漆间

油漆本身是一种易燃物品，管理不严极易引发火灾。

7. 老化的电线线路、分电箱（盒）

因为线路短路引发火灾。

8. 旅游客船的洗衣房

因电熨斗等设备使用不当引燃衣物。

9. 客房

一是因为客房内易燃物较多，如客人乱扔烟头、卧床吸烟、醉酒吸烟等易引发火灾；二是大型豪华旅游船客房内开关插座、电器配置较多，如电吹风、开水壶、小冰箱等，如使用不当或冷凝水过多造成短路易引起电器火灾。

三、客船火灾的预防

通过对客船火灾特点的分析，如果客船一旦发生火灾，烟气和有毒气体会沿着狭窄的走道很快蔓延至各个房间，而船上疏散通道较少，且较窄，人员疏散非常困难。我们可以看出，客船火灾关键在于做好预防。在船上，必须严格控制可燃物数量及火源热源，严格按船用电气安全用电要求规定用电，按防火管理规定要求使用明火；不携带危险物品上船，不乱丢烟头、火柴梗，不躺在床上吸烟；不乱放乱堆携带物品，防止堵塞走道和疏散通道；不随意乱动客船配置的各类灭火系统、自动报警系统等装置，使其始终保持完好状态。

客船火灾预防必须从人为因素入手，全面消除客船火灾隐患，加强宣传培训，制定消防检查、值班巡查等制度。同时充分发挥船员的作用，在客船火灾发生时，及时扑灭火灾，将船舶火灾造成的损失降低到最低程度。提高内河客船火灾预防与控制的高效性和实用性，实现减少甚至避免内河客船火灾事故发生的可能性，主要措施和手段有：

1. 做到健全制度，加强培训

在公司管理、船况、船员配备既定的情况下，船舶火灾预防与控制取决于全体船员。船舶航运企业和船主应全面贯彻落实各项消防法律法规，进一步建立健全各项消防安全管理制度、操作规程、操作须知，夯实“安全自查、隐患自改、责任自负”的消防安全自我管理基础。及时消除船舶的各种火灾隐患，落实具体的防火措施，严格控制燃烧的三要素，避免违章用火，严防设备老化或使用不当引起的火灾。同时强化船员的消防知识和技术培训水平，提高船员预防和控制火灾发生的能力，加强船舶消防安全的监督和检查，使船员在船舶火灾处置中真正发挥主体作用。

2. 重视船员消防素质的提高

人为因素在船舶消防安全管理中起着主导作用，要预防和控制船舶火灾的发生，首先要解决“人”这个要素，着重提高船员的船舶消防素质。提高船员的船舶消防素质是相对复杂的工程，需要从船员自身技术状况及工作条件和管理培训等方面加以解决。在船舶火灾预防与控制模式中，解决人为因素不能简单地、孤立地进行，而是要在提高船员的船舶消防素质的同时，其他要素也要相应得到提高和完善。

（1）加强船员的船舶防火安全意识的教育，提高船员预防和控制船舶火灾发生的自觉性（如图8-1所示为船上人员消防知识教育）。

（2）重视船员消防知识和技术水平的提高，使船员在船舶火灾的预防与控制中真正起到主体的作用。

（3）加强船舶消防安全的监督和检查，使船员潜意识地重视船舶火灾的预防与控制。

（a）

（b）

图8-1　船上人员消防知识教育

3. 灭火器材的放置

客船上的灭火器材应严格按照船舶防火控制图进行放置。放置地点应防雨、防水，与火源、水源、振动源等有1米以上的距离。手提式灭火器应设置在位置明显和便于取用的地点，且不得影响安全疏散，设置位置应相对固定，不得随意挪动。灭火器的摆放应稳固，使其铭牌朝外。

4. 加强客船消防硬件设施的建设

客船消防设备是船舶消防的硬件设施，为了发挥船舶消防设备的正常作用，应该加强船舶消防硬件设施的建设，重视船舶消防设备的维护和保养，使其处于随时可用的状态。船公司和船舶都应根据要求制定切实可行的措施，对船舶各种消防设备进行定期的检查、维护和保养。通过检查还能及时发现消防设备存在的问题，并及时地加以处理，确保船舶消防设备处于随时可用状态。

5. 消除船舶火灾隐患

船舶是船舶火灾预防与控制的终端，处在船舶火灾预防与控制的第一线，任何管理不当和操作失误都可能发生严重后果。在公司管理、船况、船员配备既定的情况下，船舶火灾预防与控制取决于全体船员，尤其是高级船员应切实执行公司、国内、国际有关的防火安全规定。船舶火灾预防与控制应以人为本，充分发挥人的主观能动性，及时消除船舶的各种火灾隐患，落实具体的防火措施，严格控制燃烧的三要素，避免违章用火，严防设备老化或使用不当引起的火灾。

6. 加强对旅客的消防知识宣传教育

利用广播、VCD、图片、挂图等形式，加强对旅客的消防知识的教育，严禁旅客携带易燃易爆物品上船，加强旅客在乘船期间的防火管理。防止乘客乱扔烟头、卧床吸烟、违规使用电器等。

7. 开展演练，提高自防能力

客船火灾的预防与控制取决于全体船员。船公司或船方主要根据本公司实际情况，制定切实可行的火灾应急预案，并定期进行应急演练，强化船员消防知识和技术水平培训，提升船员预防和控制火灾发生的能力。

四、客船的消防安全管理

针对内河客船消防安全现状及存在的问题，应当从内河客船消防安全监督管理机构、客船公司（船主）及客运船舶三个层面入手，加强内河客船消防安全的源头防控，加强内河客船消防安全的过程管理。

1. 交通运输管理部门、海事管理机构对内河客船消防安全的管控职责

交通运输管理部门要进一步强化消防安全立法，加强消防应急救援队伍建设，缩小每个应急救援基地的责任半径，缩短消防应急救援到位时间，提升消防应急救援成效。海事管理机构要加强到港船舶（尤其是老旧船舶）消防设施设备的配备、使用等方面的检查，建立船舶消防监督检查数据库，重视源头管理，确保对内河客运船舶消防监督检查的全覆盖。

2. 客船公司（船主）要切实履行客船消防安全的主体责任

客船公司（船主）要严格落实消防安全主体责任。要依法健全安全管理机构，明确消防设备设施维护保养、消防隐患排查治理和风险防控责任部门，为船舶消防安全管理提供可靠组织保障。要健全消防制度体系，生产运营过程中大力开展标准化建设，不断提升消防安全标准化、系统化管理水平。要不断完善客船防火规定、客船巡舱制度、安全开航须知、明火作业管理办法等消防安全管理制度。客船公司（船主）要充分利用报纸、网站、微信群、船舶宣传栏等媒体不断开展消防案例宣传，提高船员消防安全意识，要借助“安全生产月”“119消防日”，进行消防安全技能培训，提高船员的消防技能。要建立船员消防安全技能培训档案，一人一卡，专人负责，记录船员参加的培训内容和频次以及考核结果情况，确保船员消防安全能力标准化、卡片化，以便掌握每位员工的消防安全技能情况，并能够针对存在的问题及时采取措施，提升能力。要加大客船消防硬件建设、维护投入力度。针对船舶技术状况落后、船龄长的问题，客船公司（船主）应加强改建力度，按照交通运输部、应急管理部的有关要求，对低标准船逐步更新改造，加速老旧船舶淘汰，建造消防安全系数高、装备先进的新型客船，缩短船龄，从技术装备上提高船舶消防安全性能。要按照国家有关规定提取安全专项资金和安全管理费用，主动更新消防设备，推广应用船舶闭路监控系统和船舶远程监控系统，实现船舶机舱、客舱等所有重点区域视频监控全覆盖。要建立完善船舶消防设备维护保养体系，制定船舶固定灭火系统、火灾报警系统、应急消防设备、消防救生设备的检修保养制度，明确船舶设备检修保养内容、周期及相关要求，并严格落实，为船舶消防安全提供坚实的技术保障。

3. 客运船舶要对在船人员进行严格的消防管控，筑牢消防安全最后一公里防线

作为客运船舶在全面落实内河客船常规动力、电气、消防设施设备各项维护、保养、检查等管理措施的基础上，要加强对内河客船在船人员的严格管控，船员和旅客都要树立消防安全意识，严格遵守船舶各项消防安全管理规定。

（1）严格落实规章制度、密织消防安全防范网。客船要充分辨识消防安全关键点，突出火灾防控难点。防爆炸、防纵火是船舶保安的主要职责，重点是客房、厨房和旅客餐厅、娱乐场所等区域。旅客上船前必须经过港口安检和船舶复检，严防旅客携带、夹带易燃易爆违禁品，必须将相关消防隐患屏蔽在船舶之外。要建立船舶巡舱制度，在船舶航行过程中，严格按照规定的巡舱路线定期开展巡舱检查，及时发现并制止旅客和船员的不安全行为。要细化客房、船员生活区域的防火措施，严禁私拉乱接电线和使用大功率电器设备，严格落实空置客房的消防安全检查及电器断电措施。

（2）全面深入开展消防安全隐患排查整治工作。在日常消防安全巡查的基础上，针对旅游客船生活和机舱区域的结构特点，组织船舶各班组在开航前、航行中、停航后进行消防安全隐患排查。部门长每周、船长每月带队实施全面消防安全自查，并做好记录。船舶还要配合企业职能科室、海事主管部门定期实施消防安全隐患排查。对发现的各类消防安全隐患及时进行整改，形成全员参与、全面查找、全力跟踪消除的闭环运行机制，做到责任落实，措施到位，确保船舶消防安全工作不出纰漏。

（3）不断强化消防应急演练。根据船舶自身消防安全风险和结构特点，制订船、岸针对性应急演练计划，每月组织两次消防演习。演练过程要安排专职观察员，对演练过程中出现的问题进行点评，并有针对性地修改应急预案，还要结合演练情况开展应急知识能力培训。根据船检、海事部门的消防安全要求，进一步规范、细化船舶应变部署、应变程序和关键应变操作，组织船员进行专项培训，实现消防安全应急能力的持续上升。

思考题

1. 客船火灾一般具有哪些特点？
2. 客船易造成火灾的因素有哪些？
3. 客船哪些部位易发生火灾？
4. 客船火灾应该怎样预防？
5. 客船公司应如何加强客船消防安全管理？
6. 客运船舶应如何加强客船消防安全管理？

第九章 事故案例分析

一、内河客船典型案例及其分析

（一）案例一："梧桐山"轮火灾船上救助案例

"梧桐山"轮于2002年12月23日17时46分起锚从蛇口驶往海口途中，深夜发生火灾，经"梧桐山"轮全体船员和各方的全力抢救，将潜在的特大险情化解成了小事故。全船351名旅客无一伤亡，46名船员安然无恙，创造了客船火灾救助成功典范。

1. 船舶和船员概况

该船为客滚船，当时载客351人（其中含儿童9人、司机58人），船员46人。全体船员均持有主管机关签发的相应合格证书。客滚船汽车舱内装车37辆（其中大车34辆、小车3辆）。

2. 水文和气象情况

天气阴冷，5～6级的东北风在海面上冲起1米多高的海浪。

3. 事故经过

"梧桐山"轮2002年12月23日17时46分起锚从蛇口向海口方向行驶。当船行驶至北纬21°33′，东经112°56′，即位于上川岛东南海面处的时候，值班驾驶员（三副）听到驾驶台自动报警系统发出警报，他立刻查看设置在驾驶台的闭路监视系统。发现汽车舱烟雾弥漫，汽车舱失火，便拉响了火警警报。46名船员，立即按应变部署的要求第一时间到达各自岗位。此时的时间是当日午夜23时46分，一场紧张的灭火抢险战役开始了。

从甲板上观察，滚滚的浓烟从汽车舱出入口门的缝隙中窜出，船长马上向××海事局和××船务公司的调度报告："梧桐山"轮汽车舱着火。同时命令减低航行速度并操纵船舶使火区处于下风。

船长随即命令船上广播。船上广播室传出了平时消防演习时的规范警报："旅客们!本船因汽车舱着火，我们正组织船员灭火。船上有足够的消防设备和抢救能力，请大家安静，并服从客舱工作人员的安排，不要随处走动。有任何情况，我们会及时通知你们。请大家合作，共同维持好船上的秩序。谢谢!"客运部主任带领客运部16名员工负责维持旅客秩序。

船长随即命令大副按应变部署进行灭火，大副吩咐水手探火，消防队起动汽车舱的水灭火系统喷水灭火；隔离队对汽车舱的通风进行关闭；全船所有船员都投入到灭火的战斗中。

在灭火的过程中，虽然火还没有彻底灭掉，但烟越来越少，甲板的温度也在慢慢降低。除船上自身携带的40多吨燃料油外，汽车舱内还有37台油箱装满油的汽车，任何一个局部稍有闪失，后果不堪设想。为了旅客的安全，船长决定把旅客转移到救助船上，下令旅客穿救生衣并做好撤离的准备工作，命令船上进行广播。船上广播室播出：旅客们!本船因汽车舱着火，我们正组织船员灭火，虽然火还没有彻底灭掉，但火势已得到控制，没有沉没和爆炸的危险。为了大家的安全，请大家穿好救生衣，我们准备协助大家转移到来援助的船舶上去。前来的救助船有6艘，船舶舱位足够，请旅客不要惊慌。保持镇定，并注意以下事项：

（1）在到集合地点之前穿上救生衣。

（2）请在船员的带领下到你最近的集合地点。

（3）如果需要帮助，船员会为你提供帮助，大家保持镇静并听从船员的指挥。

（4）不要携带较大的行李。

（5）发扬团结互助的精神，照顾好老、幼、病、残人员。

（6）请旅客们服从工作人员的指挥，我们将分批离船。

此时，船上有7名解放军驻深圳龙岗某部的官兵。这7位同志在关键时候服从命令、听从指挥，帮助维持旅客秩序，为稳定全船旅客的情绪起了带头作用。为了更好地稳定全船旅客的情绪，船长吩咐船员此时不要穿救生衣，当时46名船员，没有一个穿救生衣的。32岁的女服务员×××，家住广州市，丈夫也是船员，家里只有一个8岁的男孩，刚入学上一年级。由于夫妻都是船员，孩子无人照顾，寄养在朋友家里。当船上发生火灾半小时后，她想起××油船发生爆炸，当海员的父亲在那次海难中再也没能回来，又想到自己8岁的儿子，便走到客房过道的无人处给在广州孩子的姑父打了个电话："我们'梧桐山'轮发生火灾了，如果我回不去，请你和小姑一定照顾好我那8岁的孩子……"说完，她泪流满面。但想到旅客的不安，又使她回过神来，擦干眼泪，回到旅客面前："请大家放心，我们一定能处理好的，你们看，我们连救生衣都没穿。"这让不安的旅客感到了安慰。

到12月24日凌晨4时30分左右，"海安拖一""海安拖二""德中""德跃"号拖船先后赶到了"梧桐山"轮旁边。船长指示开始往拖船上转移旅客。为了旅客的安全，船长吩咐大副和客运主任安排好为每一舱室的旅客领路的船员，当旅客撤离时，必须有船员在前面引路，船员不能自己独自跑向安全地点，应照顾好后面跟随的旅客；同时安排船上旅客中的7名解放军官兵来帮助维持旅客秩序；按应变部署的旅客安排顺序撤离旅客，分工负责维持旅客秩序；还未轮到撤离的舱室，不准旅客出客房，客房外的旅客都要回到自己的客房内，防止旅客因拥挤观望妨碍撤离行动顺利进行。当时天气阴冷，5～6级的东北风在海面上冲起1米多高的海浪。从"梧桐山"轮到接驳船的前面，中间有2米多的距离，船员们站在接驳软梯的上、下两旁，手牵着手，采取先儿童、妇女，再老人，最后输送成年男子的国际救援惯例向救助船上转移旅客。这当中还有一位半身不遂的老人，船员们用打包的办法，将他用绳索缓缓地吊到接驳船上。全船351名旅客无一伤亡，全部安全接驳到援助船上，转移到安全地点。上午10时30分，旅客们安全地离开船后，船员们仍旧在船长的指挥下坚守在各自的岗位上，继续喷淋灭火。火灾险情发生后，××航运总公司及××船务公司有关领导亲临现场指挥。××港公安局消防大队李大队长先后六次背着压缩空气瓶进入汽车舱内，摸清火灾情况。交通部消防处处长亲自登上出事轮船，从专家的角度指导“梧桐山”轮灭火。火灾于2002年12月26日晚19时彻底扑灭。

4. 事故原因

火灾认定如下：因位于“梧桐山”轮中的“琼C-00291”载重汽车驾驶室内前左侧仪表台下方电器短路产生火花，引燃放置在该部位的一桶已泄漏的环氧树脂及其他可燃物，造成此次火灾。

5. 事故中的旅客疏散行动分析

全船351名旅客无一伤亡。全部安全接驳到援助船上，创造了客滚船火灾救助和旅客疏散的成功典范。为什么这艘客滚船遇到如此严重的火情，还能够转危为安?其中最重要的是：

（1）该船成功稳定全船旅客的情绪，维持旅客秩序。为了稳定全船旅客的情绪，充分利用广播及多种途径安抚好旅客心理。

①撤离旅客时。船员情绪稳定，行动镇定，且又不穿救生衣。坚定了旅客对救援工作的信心，对旅客的心理起到了一定的稳定作用。

②充分利用船上的旅客资源，船上有7名解放军驻深圳龙岗某部的官兵，这7位同志在关键时候服从命令、听从指挥，帮助维持旅客秩序，为稳定全船旅客的情绪起了带头作用。

③外援力量充分，救助船及时赶到，对旅客心理起到了一定的稳定作用。

④船舶集体团结的力量，每位船员都能坚守好各自的岗位，船员的整体素质较高。

⑤船员基本功过硬，全部受过专业的训练，处理事情既专业又规范，对旅客心理起到了一定的稳定作用。

（2）该船平时严格按要求进行训练，船舶出现事故后，船员熟练按应变部署展开工作，使旅客疏散能快速进行。

（3）船舶严格按客船旅客疏散程序进行，程序符合规范，旅客疏散能有序进行。

（4）在船与船的旅客转移过程中，采取了有效的安全措施，并保证了旅客的安全。

客船应变行动中尤应注意：船员自身必须充分表现出自信和镇定，任何惊慌、流泪等失控行为都会严重感染旅客，对旅客心理稳定起到恶劣的负面作用。上述事态过程中，服务员打电话的表现是十分危险的。因此在应变中，任何情况下船员都不能在旅客面前表露出自己不稳定的情绪。

6. 案后语

“梧桐山”轮火灾后，全船351名旅客无一伤亡，全部安全接驳到援助船上，创造了旅客疏散的成功典范。事故表明：如船舶平时严格按要求进行训练，发生事故后按程序进行疏散旅客，充分利用广播及多种途径安抚好旅客心理，做好稳定旅客情绪的工作，维持好旅客秩序，一定能做好发生事故后的旅客疏散工作，减少人员的伤亡。

（二）案例二：江山×轮"6·14"火灾事故分析

1. 事故经过

江山×轮2005年6月12日第21航次20：00时航行在渝—宜航段。在船总人数为630人，其中：旅客为510人（国外游客为19人），船员为59人，多种经营人员1人，随船考证老师2人，考证学员35人，导游23人。6月14日04：52时奉节下，07：08时泊巫山港823囤船"人源"轮外挡下客（游小三峡）。正在下客时，四楼工班长在四楼检查客舱和送客。给客人打招呼：请关好门窗，贵重物品随身携带。当巡查到四楼中部的时候，他闻到一股烟味，就开始寻找烟味是从何处发出来的，检查到4258房间时，感觉烟味是从此房间发出来的。就拿出钥匙打开4258房间的门，门打开后，看到一股黑红的浓烟，马上就把门关上，赶紧敲碎火警报警器玻璃并大声呼喊：四楼客舱着火啦！然后去四楼艉部拿灭火器灭火。07：12时驾驶台火警报警器发出声光报警，同时，四楼前巷道有人向驾驶台呼叫"四楼艉部客房失火啦！"，驾驶台值班舵工立即发出火警信号（一阵乱钟后五短声），船长一边向正在休息的驾驶部人员喊道："快起来，失火啦！"一边把车钟摇到"备车"位置，随后用高频电话和手机向巫山海事处、火警119台、巫山县公安消防队、公司总值班室报告火灾险情。全体船员听到火警声号后立即奔赴火灾现场扑救，政委带领客运部人员组织旅客的疏散转移，旅客于07：25时全部安全离开江山×轮。当旅客全部转移后，参与疏散转移工作的人员立即自发地投入到救火行列中。有的帮助拖水龙带，有的用湿毛巾给救火船员捂鼻孔，有的将浸湿的被、毛巾被披在救火船员的身上，顶在头上。面对熊熊烈火和令人窒息的浓烟，全体船员毫不畏惧，全身心投入到救火战斗中，没有一个人后退半步。

2. 事故救助情况

事故发生地海事管理机构巫山海事处接警后，立即派出监督艇赶赴现场维护现场秩序，同时，在巫山港内的在港船舶"人源"轮、"平湖"轮和"长江之星"等以及当地港航公安人员也相继赶赴现场参与救援工作。

由于巫山港码头囤船正对峡口处，风大，火势发展迅猛，在极短的时间内火势就发展到猛烈燃烧阶段，并从四、五楼的后部向前部蔓延。为及时控制这一着火势头，船长果断采取措施，立即将船驶入大宁河内避开风口。这时火势仍然很大，施救也相当困难，针对这一情况，当地公安、海事部门为保护船员的生命安全，要求船员立即撤离现场。这时船长命令女职工立即撤离。08：30时部分女船员含泪离开，安全转移到"人源"轮上。留下的船员临危不惧，与火神展开了殊死搏斗，在三、四楼中部、后部用13根消防水龙向失火客舱喷射，强压火苗，同时在三楼通往四楼的楼梯处用三根水龙组成一道水墙向四楼客舱和机舱外壁喷射，以阻止火势向前部客舱、机舱和驾驶台蔓延。对三楼和四楼前部客舱起到了有效的保护作用。轮机人员起动4台水泵，保证消防管系的压力，满足灭火需要，并准备了两根水龙带在机舱四角，防止火势向机舱蔓延，保证机舱安全。

因在施救过程中客舱大量积水，船舶向左倾斜6.5°，这时轮机长命令机工抽排积水，同时向右边压载舱压水，防止船舶倾覆。此时，四楼火势已基本得到控制，但五楼火势仍然很大，已经危及驾驶台的安全，船长立即采取了抵坡措施，将船向岸边驶去。在这危急时刻，约09：00时巫山县公安消防队用车渡运来两辆消防车，用高压水冲射四、五楼的前部，部分消防队员上到四、五楼的艉部参与灭火。约09：10时艉部火势得以控制。09：25时经全体船员、公安消防人员等齐心协力，终于将大火扑灭。如图9-1所示为江山×轮

"6·14"火灾事故现场。

(a)

(b)

图9-1　江山×轮"6·14"火灾事故现场

3. 火灾损失情况

这起火灾烧毁客舱30间、多功能厅过火面积为350平方米，烧毁卧具、家具、音响、电视、空调等设备设施，直接经济损失达287 000元，无人员伤亡。

4. 事故原因

经公安消防监督部门调查认定：这起火灾事故的原因是江山×轮4258客房电器线路短路，引燃可燃物所致。

5. 事故教训

江山×轮的火灾事故从客观上分析是因船舶技改时留下了一些火灾隐患，但从主观上也暴露出了在管理制度、安全检查、安全培训、应急应变等方面的缺陷和不足。

（1）安全意识松懈。由于该公司船舶较长时间未发生过大的火灾事故，加之现在上线在航的船舶均是近几年才改建的，船舶的硬件设施得到提高，电气线路和消防器材都进行了部分更新，所以安全意识有所松懈。

（2）虽然管理制度建立了，但未根据船舶出现的新情况予以完善，如《客区防火制度》《吸烟管理制度》《电气设备管理制度》等；巡舱管理制度不具体，可操作性不强；有客人住的房间在客人下船后，对客舱的清洁整理、关断有关的电源及空房间的管理等不到位，江山轮所属公司有这方面的管理要求，但未形成管理制度，而船舶落实的情况则参差不齐；对船舶电气绝缘测试的要求和规定现已不符合江山轮的实际。

（3）安全检查时缺乏对电气设备的深度检查，一些电气线路、设备的火灾隐患未能及时发现和整改。在防火管理上未把电气防火作为专项治理的内容。

（4）对职工安全思想教育和安全监督、管理时紧时松。安全是航运企业永恒的主题，但近年来对职工的安全思想教育和安全监督时紧时松，在春运、黄金周、重大任务接待等时段强调得多一些，平时强调少一些，缺乏常抓不懈的精神。

（5）对基层工作的一些细节问题抓得不够。由于下基层的时间较少，对船舶有的工作了解不全面，因此对船舶现场工作指导、督促不力。平时对电气设备深度检查不够，也是这次火灾事故的重要教训之一。

（6）对管理制度的缺陷没有及时补充，导致船舶现场管理出现真空。如巡舱制度不具体，可操作性不强。对技改存在的隐患认识不足。没有针对性地采取措施进行整改，对船舶应急反应程序的演练培训工作不到位等都是今后要着力整改的问题。

（三）案例三：长江上的江渝×号轮触礁翻沉事故分析

1998年3月20日23：45时，江渝×号轮在长江上游大炉子梁脑（距宜昌里程612.2千米）触礁，机舱进水，全船失电，即向炉子梁尾右岸收船冲滩搁浅后，于23：58时向右侧翻沉于姜家碛外棺材梁尾。经查，在船旅客363人中死亡6人，在船船员68人中死亡2人，失踪1人。船体右舷中后舭部大面积破损，右车叶打损。

1. 事故经过

江渝×号轮第18航次，1998年3月20日，航行在渝—汉段，载客为363人，载货为1.5吨，铁锚3只，本船前后吃水2.5米。21：30时，船长操作由重庆八码头开航下驶，当日重庆水位零下0.20米（落），开航时，气象是小雨。船过银锭尾船长交班给大副引航，至23：42时大副又交下班大副操作。航行至炉子梁与上水船会让时，于23：45时船体右舷后部在大子梁脑（距宜昌612.2千米）触礁。触礁后当班大副叫慢车稳舵并交给船长操作。由于机舱大量进水，进水船体倾斜加剧，江渝1号轮于23：58时向右侧翻。

2. 事故原因

（1）没有保持瞭望，发现上水船过迟。当班人员精力都集中在联系上水船，疏忽瞭望，对本船船位变化失去警觉，顾此失彼。当班大副放弃了自己的重要岗位职责，二副及副班舵工又未尽职尽责。

（2）当班大副对炉子梁航段枯水期航行安全不重视，对该处枯水期航标配布特点心中无数，注意力集中到联系上水船，将船位向前多行进一段，造成触礁已不可避免。

（3）触礁后船长进驾驶台也只注意联系上水船的会让安全，但疏忽本船的船位变化。

（4）驾驭台当班人员在狭窄航道没正确使用探照灯助航，驾驭台关窗航行，在下雨天有风时不利于瞭望，为事故发生埋下隐患。

3. 事故教训

（1）这起事故是当班驾驶员责任心不强，安全意识淡薄，忽视一般航道的引航操作，技术水平低，缺乏应急应变技能所致。

（2）安全规章制度执行不严，在气候不良的情况下驾驶台仍关窗航行，不按规定正确使用探照灯助航，当班人员严重不履行岗位职责。

（3）不重视炉子梁河段的复杂性，会让上水船没有应急准备措施。

（4）应急措施不力。触礁后已知机舱进水，船长、大副对事态的严重性和危险性估计不足，只安排查舱、堵漏，对可能翻沉的危险缺乏准备，没有用警铃报警，船体急剧倾斜直至翻沉。而且在全船失电、主机熄灭冲滩时，收船不佳。

（四）案例四：合江“6·22”特大水上交通事故分析

2000年6月22日早晨6时53分，××建筑公司所属“榕建”号机动短途客船在合江县境内榕山镇长江水域翻沉，造成船上221人（其中船员3人）全部落水、130人死亡的特别重大水上交通事故。

1. 船舶基本情况

“榕建”号客船为横骨架式钢质船舶，总长25米，型宽4米，型深1.2米，设计吃水0.75米，核定干舷454毫米，55总吨，双机、双桨、双舵，操纵系统为驾机合一，主机总功率32. 36千瓦。核定乘客定额101人（洪期定额为70人），航区C、J_2。

该船于1996年10月7日由××建筑公司向××港监部门申请船舶登记，当日取得船船所有权登记证书和船舶国籍证书，船舶国籍证书有效期至2001年10月6日。船舶所有人为××建筑公司。船舶价值13万元。船籍港为合江。经营人为个体，船舶证书齐全，属适航船舶。

2. 事故经过

2000年6月22日早晨5时50分，“榕建”号客船从长江南岸金银沱载客10余人起航上行开往榕山，中途在北岸的“铜千湾”上客60余人，在南岸的“路口”上客10余人，在“下浩口”上客开航时船上载客为218人，船员3人，共221人。当航行至“上浩口”时过河到北岸上行，6时41分左右到达“流水岩”，此时遇浓雾，能见度不良，驾驶员准备在上面的“淘金山”停泊扎雾。在船靠拢时，能见度又略有好转，在部分旅客的要求下，驾驶员决定用慢车继续沿北岸上行。当行至“银窝子”处时与下驶的“白米小机2号”短途客船左舷会遇，6时50分左右会遇通过后用了左舵约5°，车速仍然为慢车。两分钟后，由于雾更浓，两岸都看不见，船舶迷失方向，驾驶员急忙叫舵工到驾驶台操舵。在未向舵工交待车、舵的状态情况下，驾驶员就离开驾驶台，经过顶棚甲板到船头，站在前面右舷梯子上指挥航行。此时，看见船头左舷已搭到夹堰水上，船向“坐北朝南”，估计已到南岸“剑口”的乱水区，忙抬起右手指向右舷一侧要求用右舵，舵工即用了右满舵，并用左进右退的“鸳鸯车”，船头向右舷转动。很快驾驶员发现船头前方有一块大礁石，忙转过身去打手势要求倒车，此时船尾已处于回流中，船头搭在从石盘出来的斜流水上，船当即横身在礁石下面的乱水区，在乱水作用下向右迅速翻沉，于6时53分左右沉没。

3. 船舶装载、事故死亡人数及直接经济损失

事故发生航次，“榕建”号客船载客为218人，船员为3人，共221人。事故发生后，救起91人，死亡130人，直接经济损失337.88万元。

4. 事故发生原因

（1）直接原因

①该船在“流水岩”遇浓雾，能见度不良，按照规定，应当就近选择安全靠泊地点停航扎雾，而该船驾驶员却在“淘金山”准备靠泊时而未靠泊，继续沿北岸冒雾上行，想侥幸驶出雾区。船舶在过“银窝子”后。用左舵约5°，使船舶向雾区深处驶去，导致看不见两岸，驾驶员惊慌失措，最终导致船舶驶入乱水区发生事故。因此，违章冒雾航行是发生本次事故的主要原因。

②该船经船检机构核定的乘客定额为101人。而在事故当天载客218人，严重超载，加上在顶棚上载的30余人和30余担蔬菜，使船舶干舷降低，初稳性为负值，在遇到乱水后，无法抵御外力作用，致使船舶迅速翻沉。因此，超载是发生本次事故的又一主要原因。

③操作不当和临危措施不当是发生本次事故的直接原因。首先，船舶航行至“淘金山”时本应果断靠泊扎雾，而不应继续上行。其次。航行至“银窝子”处时本还有一次选择靠泊扎雾的机会，而该船却是用左舵约5°，加之又不及时回舵，使船舶一直驶向河心。在航行至主流区域时，船速减慢，船舶不能抵御流水作用，船舶从纵向略往下坐，横向朝南岸侧移，致使船舶误入“剑口”礁石外侧的夹堰水。再次，在船头搭夹堰水时，操右满舵，船头向右转动，使船头处于斜流上，船尾处于较强的回流中，并在左进右退的“鸳鸯车”作用下，加剧船舶向右转动并横身于有泡水、回流、夹堰的乱水区域。上述不正确的操作，使船舶陷入危险局面，因此操作不当和临危措施不当是发生本次事故的直接原因。

（2）间接原因

××建筑公司平时对“榕建”号船舶疏于管理，1999年5月取消安全管理人员后，一直没有人对船舶进行检查和传达上级安全生产管理要求，致使船舶时常超载而无人制止。法人代表长期以来不重视安全生产，对船舶的安全生产疏于管理，未配备安全管理人员对船舶进行安全管理，不认真履行船舶所有人的职责，未经批准对船舶驾驶台擅自改动，擅自增加栏杆和上顶棚的梯道，为顶棚甲板非法载人创造了条件。同时，长期只聘请持四等二副证书的人员从事驾驶，致使配员严重不足，驾驶员不适任，导致出现危险局面时，指挥不当，操纵失误，最终造成特大事故发生。

5. 事故教训

发生本次事故，从技术调查角度上有以下几点教训：

（1）船舶所有人和经营人不按照《中华人民共和国船舶最低安全配员规则》配足驾驶人员，而当地港监部门又未及时督促船舶所有人和经营人按规定办理，造成该船长期由不适任的船员驾驶，这是管理上的一大教训。

（2）“榕建”号客船在航行至“流水岩”时。本应按规定坚决停航避雾，而该船却冒雾航行，想侥幸驶过雾区，最终导致船舶处于危险局面，这是操作上的一大教训。

（3）当船舶在“剑口”石盘处于危险局面时，应采取以下措施挽救危局：

①当船头已到“剑口”石盘乱水区域时应立即停车或者倒车，减小船舶的冲程，防止船身进入乱水区域。

②当船舶已进入乱水区域并发现前方“剑口”石盘时，不能盲目使用车、舵，更不能使用大舵角，应利用礁石和岸形确定本船的船位和航向。

③在确定本船的船位和航向后，根据乱水区域水流流态，利用正舵或小舵角和适当车速稳住航向，才能减小急流、泡水、夹堰水和回流对船头的冲压和两舷的侧压力，使船舶逐渐调顺船身，逐步脱离危险区域。

二、客渡船典型案例及其分析

重庆市某县高滩河2007年“1.14”重大水上交通事故分析。

(一)船舶概况

“长龙1号”客渡船，船体材料为钢质；船长为16.9米；船宽为3米；型深为0.85米；最大船高为4.6米；满载吃水为0.503米；空载吃水为0.351米；总吨为20吨；净吨为12吨；载客量为40人；主机功率为16.7千瓦，如图9-2所示。

图9-2　“长龙1号”客渡船

“永安16号”自用船，船体材料为钢质；船长为16.5米；船宽为3.8米；型深为0.9米；主机功率为0.9千瓦，如图9-3所示。

图9-3 “永安16号”自用船

（二）事故概况

2007年1月14日约17：45时，在重庆市某县高滩河梨树沱水域“永安16号”自用船与“长龙1号”客渡船发生碰撞事故，造成3人落水死亡，“长龙1号”客渡船轻微受损，“永安16号”货物轻微受损的重大水上交通事故。

（三）事故经过

1.“长龙1号”客渡船

2007年1月14日，重庆市某县某镇船舶管理站站长李某等一行9人包下“长龙1号”客渡船，由某镇码头赴上游桥滩参加丧事，该船由船主之妻胡某驾驶操作。在下午17：10时许，李某一行赴丧完毕后，“长龙1号”仍由胡某驾驶掉头下行回某镇码头，途中经停鹅子岭，胡某靠岸接女儿上船。约17：20时，船行至梨树沱上游约100米处，发现梨树沱对岸突嘴下方自用船“永安16号”沿河心偏右岸一侧上行，船上装有货物并载有客人。在船的李某和某县安全生产督察执法大队队员廖某见状，即出到驾驶室外前部甲板上欲进行执法检查。李某右手扶着驾驶室窗门，左手挥手示意上行自用船接受检查。而“永安16号”自用船前进速度未减，两船对驶形成紧迫局面，李某见状急对胡某招呼用左舵避让，胡某急操左舵，当船向与顺航道方向呈较大交角（近90°角）时，“永安16号”船首与“长龙1号”右舷中部偏后处发生碰撞，碰撞角度约90°夹角。碰撞时间约17：45时，碰撞位置在梨树沱河心偏右处。造成“长龙1号”客渡船上的李某、廖某落水死亡。

2.“永安16号”自用船

2007年1月14日，“永安16号”自用船在某码头载货约为4吨（水泥为30包、水泥预制板为3块、煤为200千克、墙地砖为6件）、搭载6人（其中：货主2人、搬运工4人）。约15：00时，驾驶员（船主）胡某驾船从某地出发，目的地桥滩。当船行至梨树沱对岸突嘴下约20米河心偏右处时，发现下水客渡船距本船约30米，正对驶而来，即操舵向右转向避让，同时发现客渡船前部站有2人，其中一人（李某）在打手势并喊话，因该船噪声大，听不清对方的喊话，这时站在“永安16号”船首打电话的货主朱某传话让船往左走，胡某即操舵向左转向，并加大油门助舵，眼看两船即将相撞，立即减速换成空挡、倒挡，并操舵摆尾，在倒挡刚拉起时，船首就撞在“长龙1号”右舷中部偏后处，碰撞时两船船位在河心偏右岸处，站在船首门边打电话的朱某落水死亡。

(四)事故原因

1. 直接原因

（1）“永安16号”上行时靠航道河心偏右岸（上行船的左手一岸）一侧行驶，错误选择航路，是导致此次事故发生的主要原因。

（2）“永安16号”驾驶员胡某在航行中疏忽瞭望，在船上装有人员和货物，挡住部分视线的情况下，未能采取有效措施保持正规瞭望，当船行驶到梨树沱对岸突嘴下方时才发现“长龙1号”，此时已造成两船对驶相遇，并形成纵距只有约30米的紧迫局面。当驾驶员胡某看到李某的手势又听到货主朱某的传话时，错误地理解李某的手势意图，未对当时的局面和碰撞危险做出充分估计，正确地采取互以左舷会船的避让措施，而盲目操舵向左转向，致使两船相撞。这是发生此次事故的重要原因。

（3）“长龙1号”驾驶操作人员胡某驾驶船舶下行至梨树沱上游约100米时，发现梨树沱对岸突嘴下方河心偏右岸的上行的“永安16号”自用船时，没有使用声号表明会船的意图。这是发生此次事故的原因之一。

（4）“长龙1号”在两船对驶相遇时，也没有采取减速、停车、倒车的措施，形成危险局面后，虽然采取了左舵避让的应急措施，但为时已晚。临危处置不当，也是导致此次碰撞事故发生的原因之一。

2. 间接原因

（1）“长龙1号”驾驶操作人员胡某，在船上担任水手时，跟随其丈夫学习过船舶驾驶实操，会基本的操船技能。其丈夫去世后，自己在未经过专门的船员培训考试，未取得“内河船员适任证书”的情况下，无证驾驶船舶，缺乏临危处置的基本方法，是事故发生的间接原因之一。

（2）“永安16号”自用船证书过期，证书失效，属不适航船。用不适航船参加营运，是事故发生的间接原因之一。

3. 管理原因

（1）某县高滩河流域所涉某镇、长龙乡、永安镇乡镇人民政府在具体组织实施乡镇船舶的日常安全管理中，安全管理不力，责任制落实不够，安全宣传教育和船员的安全培训工作不到位，为此次事故的发生埋下了安全隐患。

（2）某镇船管站站长李某、某县安全生产监察执法大队队员廖某站在“长龙1号”驾驶室前面挥手示意“永安16号”接受检查，导致“永安16号”自用船驾驶员胡某错误理解其意图，造成双方采取避碰措施迟缓及不当，形成危局，从客观上干扰了“永安16号”的正常操作。

（3）某镇船管站站长李某，明知“长龙1号”客渡船驾驶操作人员无内河船员适任证书，仍租用该船载客，也是事故发生的因素之一。

第十章

实操训练

第一节 船上消防救生设备使用训练

船舶应变部署是船舶为应对可能发生的突然事件，预先根据船舶设备和人员情况所做的安排和布置。

为了保证船舶在发生海损事故或遭遇自然灾害需要进行救生、灭火、堵漏或弃船等紧急情况时，能有条不紊地组织船员和旅客，奋力抢救国家财产和保障生命安全，必须制订各项有关工作部署，并应在平时定期进行各项部署的学习和训练，不断地提高全体船员的应变能力和素质，以使船舶的安全工作处于“有备无患、常备不懈”的状态。

从船舶海损事故的统计资料中可以明显看到两种截然不同的情况。一种情况是船舶没有应变部署或虽有应变部署而平时没有进行学习和训练，一旦船舶发生海事，便惊慌失措，争相逃命，结果造成船舶沉没、船员和旅客大量丧生的悲惨局面。另一种情况是船舶在遇险时。由于应变部署严密，平时船员训练有素，全体船员临危不惧，在统一组织和指挥下，齐心协力，挽救危局，结果化险为夷。因此我们说，船舶应变部署不仅能够反映出船舶安全生产的水平，更能反映出船员的技术水平和训练素质。

一、模拟厨房火灾弃船演练程序（大、中型内河客船）

（一）综合演练人员安排（为18人）

（1）船长：总指挥，位于驾驶台。

（2）大副：现场指挥。

（3）消防队为3人，负责灭火器材的使用；隔离队为2人，负责灭火隔离，弃船时负责旅客舱室搜索；救护队为2人，负责灭火时的救人工作，弃船时负责维持旅客秩序；客运组中客运员为5人（客运主任、客运员1号、2号、3号、4号）和救生艇员为3人（1号、2号、3号），负责维持旅客秩序，弃船时客运员负责快速统计，保证病残旅客有人护送及搜索旅客舱室，救生艇员负责救生艇的准备工作。

（4）轮机员为1人：机舱水泵及机舱工作。

（5）除18名船员外，其他船员以旅客身份参加演练。

①旅客甲：扮有亲人照顾病残旅客。

②旅客乙：扮无亲人照顾病残旅客。

③旅客丙组：一般旅客。

（二）演练步骤

（1）首先全体船员在码头集合清点人数，大副向船长报告："全体集合完毕，人数40人，请指示。"

得到船长指令后，即宣布综合演练开始，各就各位。

①船员按职务各就各位。

②旅客上船。

③旅客全部上船就座后，船上广播应急须知。

④船长宣布开航。

（2）开航约几分钟后，发现失火，大副集合队伍，并向船长报告及组织灭火。

①甲板值班水手巡逻至船尾，发现厨房着火，大声喊叫"不好了，厨房着火了"，值班水手关上水密门，并手按报警器。

②驾驶台值班驾驶员发出火灾警报（连放短声一分钟再三短声）。

③广播员：各位旅客，请注意，请注意，下面广播紧急通知。我船的厨房失火，请火势未波及的舱室的旅客回到自己的客舱，有危险的旅客请按照我船船员的指示去做，请旅客们不要惊慌，我船配有完善的消防系统，全体船员受过专业的灭火训练，并有丰富的经验，我们有能力控制和扑灭火势，我们将继续通告灭火的进展情况。

客运员：到达各自负责的舱室，镇定地告诉旅客，船员正在采取有效措施进行灭火，旅客只要按我们的指示做，一定会平安无事；禁止旅客大声喧闹，保持肃静，减少恐慌氛围和悲观失望的感觉；正确回答个别旅客提出的问题。

④大副到达现场，各队（组）长向大副报告，大副向船长报告。

消防队长："消防队到位。"

隔离队长："隔离队到位。"

救护队长："救护队到位。"

客运组长："客运组到位，并已开始在各自岗位工作。"

大副："报告船长，全体人员到达岗位，请指示!"

船长："迅速组织灭火。"

大副："是。"并下令消防队用灭火器灭火，隔离队关闭通风，救护队检查是否有受伤人员。

客运组撤离厨房附近舱室的旅客至餐厅，同时维持各舱室的旅客秩序。

⑤过一会儿，大副确认消防自救措施无效，向船长报告。

大副："报告船长，消防自救措施无效，火势无法控制，请指示!"

船长："弃船。"按应变部署表进行弃船，驾驶台发出弃船警报（七短一长）。

大副："是!"并下令：广播员进行广播及客运组维持旅客秩序；清点旅客人数，准备撤离。救生艇员做好施放救生艇筏准备。

广播员：各位旅客，请注意，请注意，下面广播紧急通知。我船因火灾不能控制，船体受到严重损坏，需要弃船，我船将使用救生设备帮助大家离开本船。我船有完善的救生设备，并有充足的撤离时间，请大家不要惊慌，镇定、镇定，按照指示做好如下几件事：

A. 适当穿着衣服并穿好救生衣。

B. 不要携带较大的行李。

C. 发扬团结互助的精神，照顾好老、幼、病、残人员。

D. 请旅客们服从工作人员的指挥，我们将分批离船。

⑥救生艇员做好救生艇的准备工作；客运员到客舱演示穿好救生衣，讲解及检查旅客有否适当着装和穿好救生衣，负责维持旅客秩序及统计自己负责的舱室的旅客及病残旅客人数。

⑦大副："全体旅客向集合地点集中。"

负责维持旅客秩序的客运组人员带领旅客到达集合地点，搜索人员进行旅客舱室搜索。

⑧在集合地点，客运组人员向大副报告集中人数。

搜索人员："报告大副，旅客舱室已经进行搜索，舱室内没有发现旅客。"

⑨大副："报告船长，集合地点有亲人照顾病残旅客甲1人和无亲人照顾病残旅客乙1人，其他旅客××人。共××旅客。少2名旅客，请指示。"

船长："再搜索旅客舱室。"

⑩过一会，搜索人员在旅客舱室进行搜索，在舱室内找到2名旅客。

搜索人员："报告大副，旅客舱室经过搜索，舱室内找到2名旅客。"

大副："报告船长，旅客舱室经过搜索，在舱室内找到2名旅客。全体旅客和船员到齐，请指示!"

⑪船长："带领旅客到登救生艇甲板准备登艇。"

⑫旅客、船员分别到达各自的艇筏登乘地点，艇员讲解登艇筏的注意事项。

⑬大副："报告船长，全体旅客、船员登上艇筏。"

⑭船长："放艇筏撤离。"

演习结束。驾驶台施放解除警报一长声，全体人员整理器材归位，演习结束。

二、演习评估

演练完毕，船长对演习进行认真总结，包括演练的成绩及暴露出的问题。

三、演练安全注意事项

（1）所有参加演练人员必须严肃认真，按综合演练方案要求，服从安排，稳、准、快地完成演练相关的各项要求。

(2)全部人员应穿工作服及安全工作鞋。

(3)演练中若有意外情况发生，立即报告。

第二节 旅客控制、集合等安全管理要求的训练和演练

模拟船舶碰撞后抢滩的旅客疏散演练程序(小型内河客船)

1. 演练人员安排(7人)

(1)船长：总指挥，位于驾驶台。

(2)大副：1人。

(3)轮机长：1人。

(4)其他船员4人：水手2人；机工2人。

(5)除7名船员外，其他船员以旅客身份参加演练。

①旅客甲：扮有亲人照顾的病残旅客。

②旅客乙：扮无亲人照顾的病残旅客。

③旅客丙组：一般旅客。

2. 演练步骤

(1)首先全体船员在码头集合清点人数，向船长报告全体集合完毕。人数为40人，请指示。得到船长指令后，即宣布综合演练开始，各就各位。

①船员按职务各就各位。

②旅客上船。

③旅客全部上船就座后，广播应急须知。

④船长宣布开航。

(2)开航约几分钟后，船舶发生碰撞，船长上驾驶台，大副检查船舶碰撞情况，发现左舷艏尖舱及前舱进水，手按报警器，一边关上水密门。

①驾驶台发出进水警报(二长一短，连放一分钟)，全体船员进入应变部署。

②广播员开始广播：

各位旅客，请注意，请注意，下面广播紧急通知。我船左舷艏尖舱及前舱进水，请无关旅客回到自己的客舱，有危险的旅客请按照我船船员的指示去做，请旅客们不要惊慌，我船配有完善的堵漏系统，进水很快就会被控制住。过一会儿，将继续广播进水堵漏的工作情况。

船员：使用减少和防止旅客恐慌的程序。到达各自负责舱室，镇定地告诉旅客，船员正在采取有效堵漏措施，旅客只要按我们的指示做，一定会平安无事；禁止旅客大声喧闹，保持肃静。减少恐慌氛围和悲观失望的感觉；妥善回答个别旅客提出的问题。

③大副集合队伍并向船长报告。

大副：“报告船长，堵漏人员到位，请指示。”

船长：“轮机长，准备排水泵；大副，按应变部署进行堵漏，并报告进水量情况；将前舱1～5排旅客转移到后舱室。”

所有人员按指示行动。

过一会儿，大副向船长报告。

④大副："报告船长，左舷艏尖舱和前舱有破洞，进水量每小时约140吨，很难控制进水，请指示！"

船长："关闭水密门，起动水泵排水。我船准备抢滩并撤离旅客。全体船员按撤离应变部署行动。"

过一会儿，船舶已抢滩，船员到达应变岗位。

⑤船长："广播船舶已抢滩及撤离旅客的注意事项。"

广播员：各位旅客，请注意，请注意，下面广播紧急通知。我船因船舶碰撞进水，现船舶已抢滩，没有下沉的危险，我船将使用救生设备离开本船。我船有完善的救生设备，并有充足的撤离时间，请大家不要惊慌，镇定、镇定，按照指示做好如下几件事：

A. 适当穿着衣服并穿好救生衣。

B. 不要携带较大的行李。

C. 发扬团结互助的精神，照顾好老、幼、病、残人员。

D. 请旅客们服从工作人员的指挥，我们将分批离船。

⑥船长："轮机长和机工分别负责前舱、中舱、后舱的旅客管理（指导旅客穿着救生衣，并负责维持旅客秩序）；大副和水手负责架跳板上岸的准备工作。"

过一会儿，架跳板准备上岸的工作已做好。

⑦船长："大副，快速统计旅客及病残旅客人数。"

过一会儿，大副已统计好。

⑧大副："报告船长，船上有亲人照顾病残旅客甲1人和无亲人照顾病残旅客乙1人，其他旅客××人，共××旅客。"

⑨船长："水手负责护送旅客甲和旅客乙上岸。"

旅客甲和旅客乙已上岸。

⑩船长："水手负责旅客通过跳板时的秩序和安全工作；中舱旅客开始撤离。"

机工引导中舱旅客撤离。

⑪船长："前舱旅客开始撤离。"

机工引导前舱旅客撤离。

⑫船长："后舱旅客开始撤离。"

轮机长引导后舱旅客撤离。

⑬船长："大副、水手进行旅客舱室搜索。"

⑭大副："报告船长，全体旅客已撤离，船上无遗留。"

⑮船长："所有船员上岸，大副清点上岸旅客和船员人数。"

⑯大副："报告船长，所有船员和旅客××人全部安全上岸。"

⑰船长："演习结束，驾驶台施放解除警报一长声，全体人员整理器材归位。"

参考文献

［1］中国海事服务中心. 内河客船船员安全知识与操作［M］. 大连：大连海事大学出版社，2005.
［2］中国海事服务中心. 客船船员安全知识与操作［M］. 大连：大连海事大学出版社，2012.
［3］陈晓翔，杨学辉. 船舶管理［M］. 大连：大连海事大学出版社，2010.
［4］杨学辉，刘芳武. 船舶管理［M］. 大连：大连海事大学出版社，2015.
［5］谢世平，吴乃平. 船舶驾驶与管理［M］. 大连：大连海事大学出版社，2010.
［6］谢世平，陈金福. 船舶驾驶与管理［M］. 大连：大连海事大学出版社，2015.
［7］国际海事组织. 国际海上人命安全公约（2009年综合文本）［S］. 中国船级社，译. 北京：人民交通出版社，2010.
［8］国际海事组织. 73/78 MARPOL公约（2006年综合文本）［S］. 中国船级社，译. 北京：人民交通出版社，2007.